大谷翔平
会見全文

JN136402

アスリート研究会・編

GOMA BOOKS

はじめに

一日7食の大食漢、スポンサー収入を含めると推定年収5億円。

投打で一流を目指す「二刀流」で話題の大谷翔平選手は２０１６年、二刀流４年目のシーズンでした。レギュラーシーズンでは投手として10勝、打者として打率３割２分2厘、22本塁打という驚異的な成績を残しています。

圧巻だったのはバットで勝利に貢献したうえで、レギュラーシーズンとＣＳファイナルステージで胴上げ投手になったことです。

プロ野球界では、スーパースターが待望されて久しいのですが、大谷選手はこれまでのところ野球史上に残るスターになること間違いないでしょう。

以前からのメジャー挑戦希望を今オフの契約更改の場などで伝えれば、プロ野球史上類を見ない活躍を見せたことで、遠からず日本ハム球団も移籍を容認するとみられ

ています。その時期は、早ければ2017年のオフシーズンで、ポスティングシステムを利用してのメジャーリーグ移籍があるかもしれません。

球団は12年ドラフト後の入団交渉の際、30ページの資料の中で「形をつくってから海を渡ることが成功への近道」と示し、説得に成功した経緯があります。

2016年シーズンを振り返ると「形」をしっかりつくり上げてきたことに異論はないでしょう。

日本シリーズで優勝した試合後、大谷選手は以下のようにコメントしています。

【大谷選手の優勝コメント】
（日本シリーズ優勝後に大谷翔平選手はマスコミ各社に日本一手記を公表しています。その一部を紹介します）

日本ハムへの入団会見で「日本一になりたい」と言ったことを思い出します。これまで全国大会で優勝した経験がありません。だからどうしても日本一になりたかった。プロの世界に入り、ついに頂点に立つことができました。本当にうれしくて仕方がありません。

プロ4年目で日本一。あのとき日本ハムに入れていただいて、本当によかったなと思っています。考え抜いた末、日本ハムに入りましたが、この4年間を振り返ると、これ以上ない環境の中でプレーさせていただいたと感謝しています。あのときの選択は間違っていなかったと。

シーズンを振り返れば、優勝が決まった大一番（9月28日・西武戦）を1安打完封勝利で決めたことは、少なからず今後への自信になったと思います。今年、優勝できたのは皆さんのご指導があったからこそです。昨オフにはダルビッシュさん（レンジャーズ）と一緒にトレーニングをさせていただいて、いろいろと勉強になることが多かったです。

1日7食も食べたりするんですが、食べるタイミングとか、内容を重視しているので、そんなにきつくはありません。茶碗にいっぱい盛ってという感じではなくて、効率よく食べ、効率よく運動することを心がけるというものです。

メジャーに挑戦するには、まだまだ足りないところも多いです。球速もさらに上げられると思っていますし、足りない部分を消化して、どんどんいいパフォーマンスを出せるようにしていきたいです。もっともっと技術を磨いて、来年も頑張ります。

では、大谷選手のこれまでの歩みを振り返り、彼が与えてくれた感動を新たにしてみましょう。

目次

第1章
大谷選手の2016年

1. 結果で批判を打ち消した二刀流

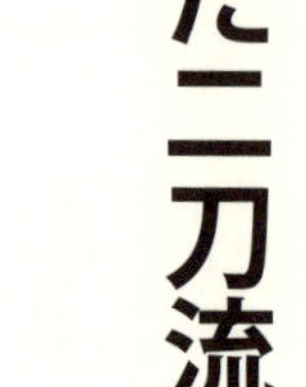

野球マンガの主人公を超えたリアル二刀流

投打の二刀流でプロ野球の話題をさらっている北海道日本ハムファイターズの大谷翔平投手。今までは、メジャーリーグで唯一「シーズン10勝、10本塁打」の偉業を達成した野球の神様ことベーブ・ルースと、時代と日米の違いを超えた比較論が各所で聴かれていました。

大谷投手は2014年シーズンに「11勝+10本塁打」を記録した際は、ベーブ・ルース級のスーパースターと称されました。そして、2016年シーズンはついに「10勝

＋22本塁打」というベーブ・ルースも踏み込んだことがない前人未到の領域に足を踏み入れ、日米の野球関係者の度肝を抜きました。

このような大谷投手をみて「野球マンガの主人公でもそんな奴いるのかと、ツッコミを入れたくなるレベルですよ」と笑いながら話すプロ野球OBもいるほどです。

投打両方の才能を開花した

大谷投手は、入団1年目の春季キャンプで、初めてブルペンで投球練習をしたその直後に紅白戦でいきなり2安打して、たぐいまれなる素質を周囲に誇示していたことは有名なお話です。その当時と比較して今季のバットスイングの速さは増していると評価されています。また、マイアミ・マーリンズのイチロー選手と違い長打力を持っていることも注目のポイントです。

一方、ピッチングについては同じ年齢だった頃のダルビッシュ有投手（現テキサス・

レンジャーズ）より上をいっていると評する評論家もいるようです。

同い年の藤波晋太郎投手（阪神）と比べて、体全体、特に下半身を使って低めに切れのある球を投げられることから「体が柔らかくてスタミナもある証拠」とみる向きもあります。

金田正一さんは「勝負球のストレートは高めだった。キレがあるから浮き上がっているように見えるわけですが、打者からすれば同じような伸びのある球を低めに投げられた方がより脅威です。その意味では大谷のほうが凄い」と、投手としての大谷選手を評価しています。

では、打者としての大谷選手の評価はどのようになっているのでしょうか。

プロ野球のOBには、打撃力を買われて球団から打者での入団を持ちかけられた投手が少なからずいます。近鉄OBの米田哲也氏がそのひとりです。しかし米田氏が現役選手だった当時、バッターボックスに立った投手に厳しいインコース攻めはなかったようで。これに対して大谷投手に対しては、相手チームの投手は打たせまいと厳しいコースにも球を投げ込んできます。これを乗り越えて22本塁打です。やっぱり規格外といってよいでしょう。

日本プロ野球のレジェンドたちの〝組み合わせ〟で大谷投手のすごさを表現しようとする評論家もいます。

いわく「投手か野手のどちらかに専念すれば、昭和の大記録を更新できる力のある化け物です」としたうえで「投打を別の選手の組み合わせで考えれば、『金田正一＋張本勲』、『ダルビッシュ有＋イチロー』を超えているんじゃないでしょうか」と、レジェンドとも呼ばれる名プレーヤーのいいところ取りをしていると絶賛するのです。

今季のギネス級の活躍で、すでに存在感では『ダル＋イチロー』を凌駕し、3年連続30勝という未到の記録を持つ稲尾和久と868本塁打の世界の王貞治という組み合わせで表現するしかない――そんな領域に達してしまったと言い切る声もあるようです。

165キロで自己最速を更新する

２０１６年は、自己最速を更新する１６５キロの快速球を連発。しかも基本的に制球力も備えているので、シーズンの途中で右手のマメをつぶしていなければ、沢村賞候補に名を連ねた可能性もあります。

それでも球団内部では、大谷選手の投手としての評価は野手としての評価より低いとみているともいわれています。

その理由のひとつには、２０１６シーズンは約2カ月間も先発登板から遠ざかり野手やＤＨとして目覚ましい活躍をしたこともありそうです。仮に打者に専念したら、ホームランを50本以上打てるとみる評論家がいます。こうした背景があるので「もちろん素晴らしい選手だが、今のままでは中途半端」と、辛めに評価する評論家がまだいるのです。

大谷選手の場合、今後は遠くない将来にメジャー球団と日本プロ野球チームとの争奪戦が繰り広げられることは確実です。そのときに大谷選手の二刀流は、今よりもさらに凄みを増していると容易に想像できるでしょう。

そうなると、こうした批判論が一気にトーンダウンするのは確実です。

2. レギュラーシーズン（優勝までの軌跡）

開幕からは白星に恵まれず

千葉ロッテ・マリーンズを迎えた開幕戦で先発した大谷翔平選手でしたが、課題の立ち上がりで崩れ、勝ち投手になれませんでした。

「投げ心地が良くなかった。打たれたらいけないところでフォークも高くなってしまった」

初回の2死三塁で4番・デスパイネ選手に高めに浮いたフォークを中前に運ばれて先されました。続く角中選手に四球で一、二塁として、6番・井上選手にも甘いフォークを左翼線へ２点二塁打を打たれた結果、直球は最速１６０キロを３度計測していましたが、制球が定まらないまま一気に３失点。

その後は、なんとか踏ん張って7回5安打3失点。エースの意地を見せたのですが、チームに白星をもたらすことはできませんでした。

大谷選手の立ち上がりの不安定さはプロ入り以来の課題です。日本ハムでは２０１２年の栗山英樹監督就任以降続いていた開幕戦連勝が４でストップしました。二刀流４年目の大谷選手は、投手としてはほろ苦いスタートを切ったのです。

二刀流の進化を見せつけろ

しかし、２０１６シーズンは、打者としては華々しいスタート切っています。

３月30日の札幌ドームでのオリックス２回戦で６回に左中間へ２試合連続の２号２

ランを放っています。打席に立った大谷選手は「内角寄りの球を狙っていた」。オリックスの先発・東明投手が投じたその内角寄りの直球。コンパクトに振り切ると、打球は左中間最深部へ勢いよく飛び込みました。

これが、大谷選手の二刀流4年目、節目の通算20号本塁打になりました。この試合で日本ハムは、あと1点及ばずに敗れましたが、大谷選手は周囲に二刀流の進化を見せつけた形にはなりました。

その後は4月10日のコボスタ宮城球場での楽天戦に先発し8回1失点と好投したものの、打線の援護なく2敗目。登板3試合目での今季初勝利はなりませんでした。「いいところも悪いところも特になかった。それでも力を抜きながら試合をつくることはできた。まずクオリティスタート（QS＝6回3自責点以内）、次にハイクオリティスタート（HQS）、その次に完封というのが先発の役割にあるので」（大谷選手）

この試合の序盤は160キロの剛球を封印し、140キロ台後半の速球で打たせて取る省エネピッチングを披露。4回に茂木選手の中前適時打で先制された以外は安定した投球に終始し、５回以降は３人ずつで片付けています。投手として次のステージに上がったことを改めて周囲に印象づけました。

快速球の迫力がアップ

その後も投手としては、4月17日の札幌ドームでの対ロッテ戦で4度目の先発をし、8回125球を投げて4安打2失点、５四球7三振で降板と好投したものの初勝利はまたもお預けとなりました。

この日は2回、ロッテ・井口選手の中前打と四球で2死一、二塁とされると、中村選手に高めの157キロの直球を打ち返され、これが右翼フェンス上部を直撃する適時二塁打となり2点のリードを許すなどしました。

味方の好守備に恵まれ、4回以降立ち直って8回までわずか1安打。追加点を許さないナイスピッチングを披露しましたが、無念の降板となってしまいました。

ただ、終盤の7、8回は意識的に力をセーブして重心を高く保ったまま、腕の振りを緩めたピッチングにスイッチ。これが効いたのか、それまで制球が定まらなかったスライダーでカウントを整え、「最遅」は131キロの直球で打たせて取る投球を披露しました。「そのときにできる一番良いチョイスだった。それが一番抑えられると思った」と大谷選手は振り返りました。

創意工夫し、打たせて取る投球で新たな形を見出したのです。

開幕から6度目の先発で初勝利

大谷選手のシーズン初勝利は5月1日、ロッテ戦でのことでした。

今季ワーストの4失点と苦しみながらも、6度目の先発で初勝利を完投で飾ったのです。立ち上がりはやはり制球が不安定でしたが、4回以降は修正し復活。最後の138球目にこの日最速タイの158キロをマークし、この試合10三振を奪いました。開幕7連勝をマークした昨季とは異なり、やっとつかんだ1勝。長いトンネルを抜け、プロ入り以来、負けがない5月から連勝街道をスタートさせたのです。

大谷選手が、日本プロ野球新記録（当時）となる163キロを記録したのは、6月5日、東京ドームで行われた巨人戦でのことでした。

4回裏、1死満塁の場面で、巨人の6番・クルーズ選手に投じたこの日57球目が163キロを記録。2014年に自身がマークしたプロ野球記録を上回りました。

大谷選手はしかし、「ファールになったので、あまり手応えがなかった。空振りを取れればもっと良かったですけど」と感触はイマイチだったようです。

この日は〝打者・大谷〟として1安打1打点。「最近チャンスで打ててなかったので、良かった」と2回に放った犠牲フライの場面を振り返り、安堵した様子でした。

交流戦で自己最速を更新

大谷選手は2014年7月19日に甲子園で行われたオールスター第2戦で、自身初の162キロを計測。公式戦では同年10月5日に札幌ドームで行われた楽天戦で、2008年のクルーン投手（巨人）と並ぶプロ野球公式戦最速記録の162キロを4球計測していました。

大谷選手の快速球劇場の第二幕は6月12日の阪神戦でした。大谷選手は、「5番・投手」で出場、阪神打線から7回3安打無失点、8三振を奪う快投を披露し、自身4連勝で今季5勝目を挙げました。

初回からプロ野球最速タイの163キロを連発して三者連続空振り三振という豪快なピッチングで阪神を圧倒しました。

先頭打者の鳥谷選手に160キロ、161キロを連発した後、145キロのフォークで空振り三振。続く西岡選手には1ボール1ストライクからの3球目、4球目に連続で163キロを記録した後、またも落ちる球で空振り三振。3番ゴメス選手も高めの162キロで空振り三振に仕留め、最終的には、この日、計107球のうち31球で160キロ超えを記録したのです。

　この試合では4〜6回はいずれも先頭打者にヒットを許したものの、後続を断って無失点。6回は2死二、三塁とこの試合初めて三塁に走者を置いたのですが、ゴメス選手を137キロのスライダーで右飛に打ち取って切り抜けました。

　大谷選手は試合後に「勝ったんで100点でいいと思います」と自らに満点をつけて笑顔を見せました。

　ヒーローインタビューでは163キロを投げるときの感覚を問われ、「特には変わらないです」とさらりと答えました。

　最後は「今日は僕のために来てくれてありがとうございます！」とファンに感謝した陽選手に〝便乗〟して大谷選手も「今日は僕のために来てくれてありがとうござい

ます」と続け、札幌ドームに詰めかけたファンを沸かせました。

リアル二刀流で勝利に貢献

６月26日のオリックス戦で日本ハムはＤＨを解除し「５番・投手」で大谷選手を出場させました。

大谷選手は、投手として７回を３安打無失点に抑え、６連勝で７勝目を挙げました。直球は最速１６２キロを計測し、毎回の11奪三振。打っても２回にチーム初安打で先制のホームを踏み、投打にわたる活躍をみせました。

大谷選手の試合後のコメントによると、「初回から（オリックス打線が）真っすぐをスイングしようとする気持ちを感じた」そうです。そこで最善策は何かと考えました。この結果、力勝負にはこだわらず、直球をカウント球に切り替えファウルを取るくらいの気持ちで投げることにしました。そして追い込んでから変化球で仕留める方針に変更したのです。

　これが見事にはまったのが、4回1死一、三塁のピンチのときでした。

　まずは小島選手を、フォークで、そして安達選手をスライダーで連続空振り三振に斬ってとりました。

　また、6回には圧巻の三者連続三振。直球の最速は162キロを計測しました。ただしウィニングショットは変化球で、これで奪った三振は8を数えました。

　攻撃の口火を落としたのも大谷選手でした。まずは2回1死の場面で、ディクソン投手からチーム初安打となる三塁強襲打を放つと、自身から続いた3連打で先制のホームを踏みました。

　6回には三塁走者として大野選手のセーフティ・スクイズで生還。「走塁も含めて流れを呼んでこられるようにしたい。それが自分の投球につながる」と、この場面を試合後に振り返りました。

大谷選手が初めてＤＨを解除してリアル二刀流でゲームをするようになったのは、5月29日の楽天戦。これ以来、５試合連続のリアル二刀流、すなわち投打で同時出場し、そのすべてで勝利投手になっています。

「打つのも投げるのも大好き」と公言してはばからない野球好きが、その才能を開花させました。

野球マンガを超える活躍で奪首を目指す

大谷選手にとっては、投げるだけではなく、打撃や走塁面でも試合に関わることが、投球にも好影響を与えているとも考えられます。

7月20日の楽天戦では「５番・ＤＨ」で出場し、５回に右中間へ決勝３ランを放ちました。先頭打者弾を放った３日のソフトバンク戦以来となる待望の一発は、４年目で自己最多となるシーズン11号で、帯広では初のアーチとなりました。

「打った瞬間、（スタンドに）行ってくれって感じでした。1、2打席目に三振していたので、何とかチャンスで打ちたいと思っていた」

実はこの一発は、前の打席のリベンジでもありました。

5回に同点に追い付き、なお2死一、三塁。初対戦の楽天・ブリガム投手に前2打席はいずれも空振り三振を喫していました。そして第3打席。前の2打席で、内角をスライダーで攻め込まれていたので、その内角のスライダーに狙いを定めていました。

「（内角は）基本はボール球なので〝内甘（内角甘め）〟を待っていたくらいの感覚」で初球の外角のカーブを見逃し、2球目に内角高めに来た144キロの直球を一振りで仕留めました。

「体がうまく反応してくれた」と会心の笑みでした。

このとき、沈着冷静な大谷選手が珍しく興奮したのか、一塁ベースを回ったときに右拳を突き上げたのです。打点も自己最多タイの31とした二刀流がチームを3連勝に導き、貯金は今季最多となる20に増えました。

大谷選手が、シーズン前に目標に掲げた20本塁打を達成したのは8月27日の西武戦でした。

前日の試合は体調不良で欠場。この日は代打でバックスクリーンに飛び込む20号ソロ本塁打を放ちました。

大谷選手はこの前日、試合直前に風邪のような症状で体調不良を訴え、急きょ欠場を決めました。この日も練習に参加したものの、大事をとってベンチスタートとなっていました。

1点リードの9回表1死。代打で登場すると、武隈投手の投じた3球目、内角の直球を振り抜き、バックスクリーンに叩き込みました。シーズン20号は自己記録を更新、初の大台となりました。

リアル二刀流で優勝に前進

9月21日、ゲーム差なしで迎えたソフトバンクとの福岡決戦第1ラウンドに登板した大谷投手。「8番・投手」で先発し、8回4安打1失点で7月3日以来、自身8連勝となる9勝目と白星を積みあげました。

今季、投打で出場した試合は、この時点で驚異の7戦7勝となりました。シーズン最終盤で迎えた勝率3厘差の1、2位対決。「1番・投手」でプレーボール弾を放った7月3日と同じ、敵地ソフトバンク戦でDHを解除して先発しました。

「自分の出せるものは全部あそこ（マウンド）に置いていこうと思った」。初回から163キロを出し、アクセル全開状態で試合に臨みました。

5回無死一塁で細川の投前バントを二塁に悪送球。今季初失策で一、三塁とピンチを広げ、1死後に本多に右前適時打を許して1点を失いましたが、慌てることなく後続を封じました。

112球を投げ8回4安打1失点。「投げている最中はあまり記憶がない」というほど集中力は研ぎ澄まされていたようです。あの7月3日以来、実に2カ月半ぶりの9勝目。チームの首位返り咲きに大貢献しました。

栗山監督は「(調整は)かなり無理をさせてきたけど、翔平ならできると思った」と、勝負どころで断を下しました。

右手中指のマメをつぶしたとはいえ、7月末から1カ月以上も打者に専念する状態が続いていました。

もっとも、その間、指揮官は大谷選手と何度も話し合いの場を持ち「(翔平は)投げたがっていたけど、〝今は打者でいくぞ〟と伝え続けた。春先からずっと〝チームを優勝させろ!〟と言ってきた」

負担を考慮され、打順は8番。「打席はあまり気にしていなかった」とコメントを残しましたが、6回には左翼線二塁打を放っています。

リアル二刀流で7戦7勝。大谷選手は、ずっと1軍に帯同しており、投手としての2軍戦登板もなく、難しい調整だったのではないでしょうか。これが投手復帰3戦目。しかし、天王山初戦で死力を尽くそう——という指揮官のプランに、大谷選手が見事に応えたカタチでした。

敵地でマイクを向けられた大谷選手は、声のトーンを強め、

「僕は優勝したことがないので、優勝して、みんなで喜べるように頑張りたい」

大一番で勝った興奮も手伝い、最終目標への思いを吐露しました。

大谷選手は、翌22日に、プロ4年目で初めて登板した翌日に打者で先発出場し、「3番・指名打者」で2安打と活躍しました。7回に右前打を放つと中田選手の2ランが飛び出し、投打の二刀流で奮闘する背番号11は「残り（試合）が少ないので、僕自身は出続けるつもりで準備する。全部勝つつもりで一戦一戦頑張る」と頼もしい一言も聞かれました。

3. CSシリーズ

ファイナルステージでもリアル二刀流

日本シリーズの出場権を争うセ・パ両リーグのクライマックスシリーズ（CS）のファイナルステージ（6試合制）が10月12日に開幕しました。

大谷選手は、「投手・8番」で出場、ソフトバンクを相手に7回1安打無失点。最速162キロの直球でねじ伏せ、打っても5回に中前打を放ち、先制劇を演出。プロ初犠打まで記録する活躍で、チームを勝利に導きました。リーグ優勝し、1勝のアドバンテージがある日本ハムは、これで2勝とし、翌13日の第2戦に勝てば日本シリー

ズ進出に王手をかけることになりました。

エースの使命は抑えることだけではありません。チームを奮い立たせることも必要で、この試合、涼しい表情で投げていた大谷選手が眼光を鋭くしたのは、0―0の4回。先頭の柳田選手への2球目、160キロの直球をフルスイングでファウルされた直後でした。「絶対に空振りを奪う」そういった気持ちで、目をそらさず、柳田選手とにらみ合いました。

「あそこは三振を取りにいった。真っすぐで三振を取りにいって流れをたぐり寄せる場面だった」

続く3球目、161キロで柳田選手から空振り三振を奪い、マウンドで雄たけびを上げました。

大谷選手は、8番打者としても流れを呼び込みました。

5回無死一塁で、大谷選手は「試合を決めるポイントだと思った。1球目から打っていった」と強気に出たのが奏功し、中前打でチャンスメークに成功。

ただ、一塁ベース上では首をひねり、「もう少しで投ゴロ。ボールの上を叩きすぎた。自分の中で、あまり良い打席ではなかった」。そう苦笑交じりに、中前打を振り返りましたが、投打にわたって引っ張る大谷選手の姿勢がチームの打線を奮起させ、大量6得点の先制劇となりました。

二刀流の強みを存分に発揮したのは6回。

この回の無死一塁の場面では、ベンチのサインで大谷選手は、プロ入り初の犠打を記録しました。

「バントは得意なので」と胸を張りました。

今季、投打で出場した試合は8戦8勝。レギュラーシーズンで激闘を演じたソフトバンクを返り討ちにした大谷選手は、今シーズンで引退した武田勝投手がナインに送ったメッセージ「俺のために優勝しろ」をプリントしたTシャツを着て、お立ち台に上がりました。

「（明日は）打席で何とか（先発の）増井さんを援護できるように頑張りたい」。

そうコメントを残しました。

日本新165キロ！　自己最速更新で日本シリーズへ

前日の試合で大谷選手は、報道陣に対して淡々と言葉を並べていました。

「もうちょっと点を取りたかったけど、勝ちパターンの投手を投げさせることができた。明日（16日）につながる」

10月16日、日本ハムの3勝2敗で迎えた第6戦。勝てば、日本シリーズ進出が決定するソフトバンク戦で0—5とリードされて迎えた6回、1死一、二塁。大谷選手は、真っ直ぐ待ちでタイミングをやや崩されたものの、バンデンハーク投手の低めのチェンジアップに反応し、バットのヘッドを利かせて右中間へ反撃の2点二塁打を放ちました。

栗山監督は、今後の大谷選手の起用法について「まぁ考えます」と明言を避けていましたが、翌日の第5戦も打者で出場することが濃厚と思われていました。

ソフトバンクの予告先発・攝津投手とは2014年ファイナルシリーズ以来の2年ぶりの対戦でしたが、「基本的に自分のスイングができれば十分に対応できる」と、自信をみせていました。

そして、3点リードで迎えた最終回。3番・DHで出場していた大谷選手が守護神としてマウンドに上がったのです。誰もが目を、耳を疑いました。あとアウト3つで日本シリーズ進出が決まる9回に大谷選手のDHが解除され、投手としてアナウンスされたからです。ベンチ前ではナインが列をつくり送り出し、超満員の4万1138人の大歓声が、背番号11を包みました。

「良い雰囲気でマウンドに上がれたので、良いパフォーマンスを出せた」。

マウンドに上がった大谷選手は、目を血走らせ、力を解き放ち、先頭打者の松田選手への初球に163キロでファウルを奪うと、スライダーで空振り三振。

球場がどよめいたのは、続く吉村選手への初球でした。自身が持つプロ野球最速を1キロ更新する165キロで空振り。これには、相手ベンチの内川選手も思わず口をあんぐり。そして、再びスライダーで空振り三振。本多選手には、2球目に空振りを奪ったフォークが151キロを計測しました。

そして、3球目、6球目に、またも165キロを記録。最後は高速フォークで遊ゴロに仕留めました。異次元とも言える15球で、自身初セーブ。直球8球の平均球速は164.1キロでした。

一塁手・中田選手、中堅手・陽選手も思わず笑みをこぼすほどの圧巻投球を披露したのでした。

マンガのようなストーリーは、2－4の4回の攻撃前に動き出していました。ロッカールームに戻ると、厚沢ベンチコーチが登板の準備を告げにやって来たのです。大谷選手は自ら「行きましょうか？」と問いかけます。当初予定は第6戦での中継ぎ待機でしたが、ここが勝負だと本人は踏んだからです。

その思いは栗山監督も同じ。「翔平が珍しくずっとこっちを見ていた。〝チームのために勝ちましょうよ〟って」

5回からブルペンで準備を始め、7回には捕手を座らせ本格投球。「DHで出ていたので、（アップなしで）直接キャッチボールをしても問題なかった」。通常はダッシュで体の切れを出すのですが、この日はベースランニングで補いました。負ければ逆王手というアドレナリンと、自然な筋肉のほぐれが、規格外の剛球を呼んだのです。

野手で先発しマウンドに立つのは、新人だった2013年以来2度目。過去に、先発野手の救援登板は、1974年9月29日南海戦の高橋博士（日本ハム＝先発一塁）、1995年5月9日オリックス戦のデストラーデ（西武＝先発DH）、そして2013年8月18日ソフトバンク戦の大谷選手（先発右翼）。

自身2度目の先発野手の救援登板になりましたが、セーブを記録したのは公式戦を含め初めてでした。

また、第1戦では先発勝利を挙げていましたので、プレーオフ、ＣＳの同一ステージで先発勝利&セーブは、１９７４年プレーオフの村田兆治（ロッテ）、２０１３年ファイナルシリーズの田中将大投手（楽天）に次ぎ3人目となりました。

二刀流の大谷選手が日本プロ野球の歴史にその名を刻み付けたのです。

栗山監督は「こういうことは二度と起こらない。来年もない」と、一世一代の勝負手だったことを、試合後、明かしました。

4. 日本シリーズ

10月22日の日本シリーズ初戦（マツダスタジアム）。

「大一番なので点をやらないことが一番だけど、それができなかった。僕の失点が勝敗を分けた」

大谷選手本人が言う通り、試合はほろ苦い結果に終わりました。

リズムが狂ったのは2回に喫した重盗が原因です。捕手・大野選手の送球を、マウンド上の大谷選手がカットするはずでした。しかし大野選手からの2塁送球の間に3塁ランナーがホームを陥れました。これで試合の流れは一気に広島カープに傾いたのです。

「タイミングが合わなかった。次の打者が投手なので二塁に進まれても良かったけど、サインプレーなので詳しくは言えません」

その後は4回、先頭打者の松山選手に155キロを右中間スタンドに運ばれ、エルドレッド選手には150キロをバックスクリーン右へ叩き込まれました。1イニング2被弾は2014年4月27日のロッテ戦で角中選手、井口選手に許して以来2度目でした。

「8番・投手」で迎えた2回の日本シリーズ初打席では左中間二塁打。パ・リーグ投手のシリーズ安打は2004年の西武・松坂投手以来12年ぶりで、7回にも一塁内野安打を放っています。

ただ、投球では一度も160キロ台が出ず、最速158キロで6回3失点。2桁11三振を奪ったものの、レギュラーシーズンからCSファイナルSまで今季9試合で8勝0敗1セーブと無敵だった「リアル二刀流」で、痛恨の敗戦となったのです。

投手として本来の力を発揮できなかったか理由は、当日の広島地方の雨模様の天気もありました。マツダスタジアムでの登板は新人だった2013年以来2度目で。大谷選手も「(軸足の)蹴りも甘かった。しっかり体重の乗っていない球が多かった」

と振り返っています。当日のマツダスタジアムでは、ぬかるんだマウンドに砂を入れて形を整えたことが響き、スパイクの踏ん張りがききにくかったことは否めません。このことが輪をかけ、久々のマウンドに最後まで対応できなかったようです。

栗山監督は試合後に「球自体は悪くなかった。悔しくてもいい。次に絶対に生きる」と大谷選手のリベンジを期待していました。

ビジターのマツダスタジアムで連敗して迎えた本拠地・札幌ドームでのシリーズ第3戦。

日本ハムは、大谷選手のサヨナラヒットで勝利を飾り、シリーズの流れを広島から引き戻しました。

試合後のお立ち台に呼ばれた大谷選手は「(西川)遥輝さんも走ってくれたので、思い切っていきました。見た感じボールでしたが、抜けてくれて良かった。なかなか点取れなかったですけど、粘って粘って最後こうやって勝てたので、明日につながる勝ち方だと思います。（第1戦は）自分のふがいないピッチングで負けてしまったので、取られた分の倍くらいは取り返したいという思いで打席に入っています。（黒田投手に対し）個人的にはすごく勉強させていただいていた投手ですし、すごく楽しく、打席でパフォーマンスができたと思います。広島に行く前に、逆転して3勝2敗でいけるように、ご声援をお願いします」と力強く話しました。

日本ハムは本拠地・札幌ドームで3連勝し、2016年日本シリーズは、広島カープの2連勝後に日本ハムが3連勝と予想できない展開となりました。ここまで、すべてホームチームが勝利しており、第6戦から再び流れが変わる可能性もありました。

そのため、日本ハムにとっては第6戦の大谷選手で終わらせたいと望んでいると誰もが考えていたのですが、予告先発の名前を見て誰もが「あっ」と言ったはずです。大谷選手ではなく増井浩俊投手の名前があったからです。

ローテーションで言えば、第6戦が大谷選手、第7戦が増井浩俊投手でした。大谷選手の登板回避の理由はわかりません。ただ一部情報によると、第4戦で右足首を怪我したとの情報もありました。

大谷選手はＤＨで出場した第４戦の第４打席でショートゴロに倒れました。

この１塁に駆け抜けた際に、少し右足首を捻ったようです。大谷選手は「元々足首は緩いんで大丈夫です」とコメントしていました。

ただ、少なからず捻っていることは間違いなさそうです。本人が言うとおり、軽症の足首捻挫であると思われます。足首捻挫の怪我は種類がありますが、足関節内反捻挫と呼ばれる最も多い種類の捻挫です。軽症の足関節内反捻挫であれば、３日くらいで回復する場合もあります。

ただ、投球動作の軸足になる右足首の負傷であれば、軽症でも投球動作に影響が出ます。そこで、大谷選手を守るというよりも、そもそもいい投球が見込めないという理由で「作戦として」先発登板を回避した可能性もありました。

まだ強行出場するなら野手の方が活躍が見込めますし、第６戦に増井浩俊投手、第７戦に有原航平投手なら信頼ができると踏んだのかもしれません。

なお、大谷選手を野手に専念させる可能性も考えられたのですが、第６戦と第７戦は広島のホーム・マツダスタジアムでの開催でＤＨは使えません。

そこで大谷選手の投手としての抑えで待機の可能性が期待されていました。

大谷選手は先のクライマックスシリーズの最終戦に、ＤＨから最終回に抑えとして登板しました。そこでは日本最速を更新する１６５キロを記録するなど、圧巻の投球を披露。日本ハムは、抑えのマーティン投手が左足首捻挫の怪我の再発で日本シリーズ欠場となっていました。この日本シリーズは、最後、谷元圭介投手は１点差を追いつかれ、宮西尚生投手は抑えたものの９回２死満塁まで行っていました。

第５戦に日本ハムが勝利したのも、広島カープの抑え投手・中崎翔太投手を打ってのことですので、この日本シリーズは終盤がすっきり終わっていませんでした。

その抑えに大谷選手を起用するというのも、戦略としてはありです。谷元圭介投手や宮西尚生投手を本来の中継ぎで使えば、よりリリーフは万全です。

怪我ではなく戦術的な理由で大谷選手が先発登板を回避したのならば、こちらの「大谷翔平投手抑え説」のほうがしっくりきますし、誰もがそうあって欲しいと願っていたことに間違いはありません。

もっとも、日本ハムの栗山英樹監督は日本シリーズ第6戦を前に、「翔平は使わない。無理はさせられない」とコメントしました。第7戦への温存か、それとも怪我なのか真相はわかりませんが、栗山監督のコメントで再び大谷選手の起用法が予想しにくくなっていました。

10月29日の日本シリーズ第6戦。日本ハムの栗山監督はとびっきりの笑顔で歓喜の輪に飛び込みました。リーグ優勝と同じ8度の胴上げでは、両手を大きく広げ広島の夜空に舞いました。

「カープファンの前で最後まで野球をやらせてもらって感謝しています。選手たちの成長も実感できた。褒めてください」

圧巻の采配は8回の攻撃。2死満塁で4番の中田が打席に入った際にネクストサークルに大谷選手を立たせた。「次が（大谷）翔平なら〝回したくない〟と思って制球が甘くなると思った」

「ON（大谷、中田）」の重圧もあり、結果は押し出し四球。8回も続投させるため、5番のバース投手を打席に送ると、助っ人は見事に適時打を放っていました。

4戦連続逆転勝ちは初めて。日本ハムが2006年以来10年ぶり3度目のシリーズ制覇を果たしました。

2連敗から4連勝の逆転優勝となりました、日本ハム優勝時の過去の星取りは次のとおりです。

年	星取り	相手
62	●●△○○○○	阪神
06	●○○○○	中日
16	●●○○○○	広島

第2章
大谷選手の履歴書

1. プロフィール

スポーツ一家に生まれる

大谷翔平選手は、プロ野球では非常に珍しい投手と野手の「二刀流」選手として注目されています。球速165キロを投じることのできる日本プロ野球界最速の投手（2016年）。

2014年、日本プロ野球史上初の2桁勝利と2桁本塁打（11勝、10本塁打）を同年に達成。2016年には、自身2度目の2桁勝利と2桁本塁打に加え、100安打も達成し（10勝、22本塁打、103安打）、投打ともにチームの主力としてリーグ優

勝に大きく貢献しました。

大谷選手は、岩手県水沢市（現：奥州市）出身。父は社会人野球の選手、母はバドミントンの国体選手とスポーツ一家に生まれました。

「翔平」という名前の由来は、父が奥州・平泉にゆかりのある源義経にちなんで、義経の戦うと飛ぶイメージから「翔」の字を用い、平泉から「平」を取って名付けられたそうです。

メジャー志向は幼い頃から

高校時代には野手としても高い評価を受けていましたが、本人は投手に対するこだわりが強く「世界一の投手」を目標に掲げており、メジャーリーグ志向を持っています。

「誰もやったことがないようなことをやりたい。野茂英雄さんもそうですし、成功すれば高校からメジャーへという道も拓けると思う」

160キロの目標を掲げたときには「無理じゃないか」という声もあったのですが、そう言われると、「絶対やってやる！　という気持ちになる。刺激というか、やる気になる」という考えから、高校3年時には日本のプロ野球を経ずに直接メジャーリーグ球団との契約を目指す意向があることを明かしました。

「日本を選択した場合でも、肉体的ピークだという25歳でメジャーに挑戦していたい」、「日本人投手として最初のアメリカ野球殿堂入りを果たしたい。メジャーで殿堂入りするためにはメジャーで最低15年はやらないといけないという話なので、30歳近くになってからメジャーに挑戦するのは遅いと思う」、「マイナーリーグからはい上がってメジャーに行くことも魅力」と話し、日本ハム入団を表明した後も「やっぱり最終的にはメジャーリーグに行ってみたいと思いますし、自分の憧れている場所」と夢を語っています。

アメリカで生活していく覚悟についても「その気持ちはあります」と話し、日米の文化や言語、野球の違いについては「合うかどうかというより、慣れだと思っています。そういう意味も含めて、若いうちに慣れたほうがいいと思うんです。だから不安はありません」と話しています。

性格

日ハムのチームメイトである上沢直之選手は「僕のほうが1学年上なのに平気でいじってくる。タメ口で話しかけてくるときもある。クソガキみたいな部分もある。でも、普段は礼儀正しい」と大谷選手について語っています。同じく鍵谷陽平選手は「投手と野手をやっているので全員に隔てなく接して話すことができているので、誰とでも気さくに話すし、言いたいこともしっかり言える性格。みんなから親しまれている」と話しています。

「二刀流をやろうとしていることを考えたら、我慢しなくてはいけないことがいっぱいある」という方針から外出する際は、栗山監督からの許可を得ることになっていますが、プライベートではほとんど外出をせず、本人も「制限されてもされなくても変わらないと思う。何したいとか特にないですし、いいのかなと思います」と話しています。

「無趣味」とも公言しており、強いて挙げている趣味は読書とDVD鑑賞です。

読書については「そのときにもよりますけど、読めるときは1日で一気にいっちゃいますし、移動の際とか、時間があって眠くないときに読んでいます」と話し、漫画では井上雄彦の『リアル』や『スラムダンク』、寺嶋裕二の『ダイヤのA』などを読んだことがあると語っています。

また、好きな食べ物はクレープ。本人は洋菓子が大好物と語っているが、栄養管理のため比較的油分の少ない和菓子を食べるようにしているようです。

高校時代の好きな教科は歴史で、「特に幕末が好きですね。日本が近代的に変わっていくための新しい取り組みが多くて、歴史的に見ても大きく変わる時代。革命や維新というものに惹かれるんです」と語っています。

2. 大谷選手の身体能力

運動能力の高さが自慢

大谷選手は、投手としては、最高165キロの球速と有し、打者としても試合の流れを変えるホームランが打てる選手という二刀流での評価に加え、プロ野球関係者からは、大谷選手の柔軟な身体の使い方やしなやかな走塁、193センチの身体を無駄なく使いプレーができる運動神経の高さも高い評価を得ています。

大谷選手は、小学生の頃に母とバトミントンをしたり、水泳が得意だったようで、運動神経自体、非常によかったようです。

野球に関しては、たとえばピッチングについては、中学校に入学する時点で120キロの球速を記録していました。大谷選手はリトルリーグで活躍をしていましたが、そのリトルリーグの投手の平均球速が大体90キロ。これをみれば、当時から運動神経がずば抜けていたことがわかります。

打撃についても、大谷選手は小学生ながらにリトルリーグ用のグラウンドでホームランを連発していました。

リトルリーグの練習は河川敷で行われていたのですが、大谷選手が打撃練習でボールを引っ張って打つと、ホームランを連発するため、練習用ボールがすぐになくなってしまうことがしばしばありました。これに困ったチームの監督は、大谷選手に引っ張り打ちを禁止したそうです。

しかし、しばらくすると今度は逆方向にホームランを連発するまでにすぐに成長をしたという野球漫画を地で行くエピソードもあります。

リトルリーグ用のグラウンドであれば両翼70メートルの距離に外野フェンスが設定

されています。プロ野球の外野の定位置はホームベースから大体70メートルです。大谷選手は、小学生の頃にはその少し後ろくらいまで打球を飛ばしていたということになります。

しかも大谷選手は同時に、美しいバットスイングでも有名だったそうです。

一般にリトルリーグでよく見られるのが、強引にバットの芯でボールを捉えようと、バットを遠回りさせるように大振りする、いわゆる「ドアスイング」と呼ばれるバットスイングです。

大谷選手はこれに対して、内外角と高低の違いを問わず、ボールのミートポイントまで最短距離でバットが出てくる「インサイドアウト」と呼ばれる、コンパクトで非常に美しいバットスイングをしていたそうです。

野球少年はインサイドアウトのバットスイングを指導者から叩き込まれます。しかし、野球少年の多くは、筋力だけでなく、身体をイメージ通り動かす能力が不足しており、思い通りにできないケースが珍しくありません。

大谷選手はリトルリーグや中学時代の段階で、少なくとも身体をイメージ通りに動かせる、運動神経が同世代の少年よりも優れていたものと思われます。ところで、打球の飛距離は、筋肉をつけて力いっぱいにフルスイングできるようになるほど、ますます伸びるというようなイメージが強いものです。

しかし、大谷選手は、力任せにフルスイングするのではなく、ボールを懐近くにまで引き付けたバットスイングで、中学生に頃にはすでにきれいな放物線を描く打球が、打てていたともいわれています。

野球というスポーツは打つ、走る、投げる、守る、とさまざまなプレーがあります。このすべてをそつなくこなすには高い運動能力が要求されます。中学時代や幼少期のこれらのエピソードを見ても、大谷選手の運動能力の高さが垣間見えます。

このように大谷選手の球歴は、姉体小学校3年時に水沢リトルリーグ入団したのが始まりでした。当時のキャッチャーの体が逃げるほどに速いボールを投げて、全国大会に勝ち上がり、水沢南中学校時代は一関リトルシニアに所属し、ここでも全国大会に出場しました。

大谷選手は、水沢南中学校でも野球部（軟式）に所属してはいましたが、同時に一関リトルシニアに所属していました。ですから、土・日曜日は、中学校の部活には参加せずにリトルシニアの試合や練習に参加していたそうです。もっとも、時には学校の野球部の試合に出場することもあったそうです。

硬球で野球をしていた選手が、それと比べて軽い軟球で野球をすると思わぬ故障をするケースがあります。そうした事情もあったのでしょう。中学校の野球部顧問の先生の配慮もあって、大谷選手は、結局はシニアリーグに専念していたそうです。

小学校時代にはメジャーを意識

大谷選手がメジャーリーグへの想いを抱いたのはいつ頃だったのでしょうか？

プロ野球選手を夢見る小学生や中学生は珍しくありませんが、そこから踏み出して具体的な目標になった理由はどのようなものでしょうか？

大谷選手が花巻東高校に入学した頃に掲げた目標は「ドラフト一位8球団」や「160キロ」でした。この部分だけ切り取って考えるのであれば、高校入学時点では日本のプロ野球を志していたように一見思えます。

しかし、大谷選手の高校時代の発言を見ると、メジャー挑戦は高校進学の以前から抱いていた想いだとわかります。こんな発言がありました。

「メジャーリーグに挑戦したい気持ちでいる。入学当初からの夢だった。日本のプロ野球にも憧れていたが、メジャーへの憧れのほうが強かった」

高校に入学する時点で、大谷選手の気持ちは、すでにメジャーリーグに向かっていたようです。

では、大谷選手がメジャーリーグを志したのは中学生の頃でしょうか？　それとも小学生の頃でしょうか？

どうやらメジャー挑戦への憧れは、小学生の頃に芽生えた様子です。大谷選手は小学生時代からリトルリーグで硬式野球に親しんでいました。この時点で120キロのストレートを投じる剛腕ぶりで有名でした。

小学生の頃から周囲を圧倒的するパフォーマンスを発揮していた少年は、目の前に広がるのと違った世界の舞台を志すことが珍しくないのでしょう。

大谷選手が小学生の頃には、もうすでにイチロー選手や松井秀喜、野茂英雄や松坂大輔選手等がメジャーで活躍していました。そういった事情も複雑に絡み合って、大谷選手は、日本プロ野球界だけでなく、メジャーリーグの舞台も視野に入るようになったのでしょう。

「誰もやったことのないことをやりたい」

こう発言した大谷選手はまだ若干18歳でした。高校生離れしたプレーができたから、このような発言ができたのでしょうか？　そうではありません。小学生の頃から誰よりも高い舞台であるメジャーへの想いを秘めており、それだけではなく誰よりも高いパフォーマンスを出すために鍛錬を続けていたのです。その想いがこの発言に溢れているのです。

菊池雄星投手に憧れ、彼の出身校の花巻東高校へ進学

大谷選手はなぜ、花巻東高校を選んだのでしょうか？

それは、当時メジャーリーグからも注目が集まった左腕、菊池雄星投手（西武）が花巻東高校に在籍していたからだそうです。これだけであれば菊池投手に憧れて、花巻東高校へ進学したように思えますが、実はそうでもないのです。

進学の理由のひとつに「菊池雄星投手を越える」という確固たる意思があったからです。地元の高校に有望選手が登場すれば憧れて同じ学校に進学するという選手は多いですが、その有望選手を超えるということを目標にしていたあたりに、大物の片り

んがうかがえます。

もっとも、この時点で大谷選手自身、自分にはまだ手が届かないステージを目指していることがわかります。ただ、大谷選手のそんなマインドにより力を与えたのは、花巻東高校の佐々木洋監督でした。

目標は達成度合いに応じて常に修正

花巻東高校では「目標達成シート」というものを利用しています。縦横9×9マスに目標とそれを達成するために必要なことを記入していくものです。このシートの中央に、自身の一番の目標を記入し、周囲を埋めていきます。

より具体的には、目標達成シートの全体像は縦横に9×9マス、合計で81マスの表を作ります。縦横を3つに分け、3×3マスで1ブロックとします。中央のブロック(3

×3マス）の真ん中のマスに自分の達成したい目標を書きます。そして中央のブロックの残りの8マスにその目標を達成するために必要なことを書き連ねていきます。そして、その8マスに書き込んだ項目を残りの8ブロックそれぞれの中央に書き、周辺にその目標を達成するために必要なことを書いていくというものです。

これは「マンダラート法」と呼ばれるもので、ビジネスシーンでもアイデアを考えるために利用されることがあるものです。通常はノルマや達成期限を設けられた上で作成することが多いようです。それが、この目標達成シートの重要な意味をもっているのです。そして、この目標達成シートは真ん中以外の周辺8ブロックについては、もし目標達成にあたって、詰まった場合は、それを真ん中中央に据えて新たに目標達成シートを書き直します。

そうすることで、何が足りずに詰まっているかという点を分析するのにも使うことができます。どんなときもゴールとその道のりを具体的にひも解くことができるということです。

ところで、花巻東高校が採用している目標達成シートは佐々木監督の意向で、ノルマなどを設けない形でこのシートを作成するようになっています。

佐々木監督がこの目標達成シートを採用し、部員にやらせているのは、各部員自分自身の目標と、その目標を達成するための手法を明確にする手段にしたいという想いがあるからです。そして、どんなことを日々行っていくかに焦点を当てさせもします。ゴールが明確になれば、自分に必要なトレーニングや、身につけなければいけない技術というのも明確になっていくことを期待しているわけです。

ドライチ8球団競合は「メジャー挑戦」表明で叶わず

この目標達成シートの中央に大谷選手が書いた目標は「ドラフト一位8球団」という目標でした。

高校の先輩の菊池雄星選手を超えることを夢見て花巻東に入学したので、その先輩を超えるための目標とは「ドラフト一位8球団競合」だったのでしょう。

先輩の菊池選手をドラフト一位指名した球団は6球団でした。超えるという点であればドラフト一位7球団と書いてもおかしくないと思いますが、大谷選手は8球団と書いています。この菊池選手を圧倒的に越えると考えるあたりが、大谷選手らしさといえそうです。

この高校入学当時から菊池選手への意識と、それを超えるという想いが大谷選手の根底にありました。花巻東高校に進学した結果、その目標を達成するステップについて考える機会を得られたわけです。

これは、大谷選手にとって重要なことです。

ところで、「ドラ1指名8球団」と記入した目標を達成するために必要なこととして、大谷選手は「日本人最速160キロ」、「日本一」とも書き込んでいました。これにも佐々木監督の意向が含まれているのです。

例えばスピードに関しての例ですが、もし160キロを達成したいのであれば、目標は163キロくらいに設定するようにという考え方があるようです。

例えばダッシュをしているときに「あの電柱まで全力疾走しよう」と決めたとしてもその電柱の2、3歩前でスピードは緩んでしまいます。「あの電柱の少し先まで全力疾走する」と決めていれば少し先でスピードが緩んでも電柱まで全力疾走ができます。

つまり、本当に達成したい目標については少し高めにゴールを設定するという考えです。大谷選手の自主性の高さはこういった部分から養われていたようです。

高校時代の大谷選手の寮の部屋がテレビに映ったことがありましたが、壁にこの目標達成シートが貼ってありました。目標を設定するだけでなく、常に自分自身の目の届く位置に置くことで目標を常に意識できるようにすることも、ポイントです。

「ドラ1指名8球団」は、大谷選手が当初、メジャーリーグ挑戦を表明していたら、達成することはできませんでしたが、もしもメジャーリーグ挑戦を表明していなければ、叶っていたかもしれません。

この他の目標も、設定した当時は超えることができないほど高いハードルだったかもしれません。しかし、それを超えるための明確なビジョンがありました。高いハードルを自分自身に設けること、それを越えるためのビジョンを持つこと、これを大谷選手は高校時代に意識をしていたのです。

高校入学当初は4番でライト

花巻東高校に入学後、野球部の佐々木監督は大谷選手の育成について「まだ骨が成長段階にある。1年夏までは野手として起用して、ゆっくり成長の階段を昇らせる」という方針を採りました。そのためにまず1年春は「4番・右翼手」で公式戦に出場させています。秋季大会からエースを務め、最速147キロを記録し、2年春には最速151キロを記録し、〝みちのくのダルビッシュ〟と呼ばれ、全国的な注目選手になりました。

そして、岩手県代表として参加した第93回全国高等学校野球選手権大会（夏の甲子園高校野球）初戦の帝京高校戦では骨端線損傷により右翼手として先発出場。1年生のときからすでに大谷選手の剛速球には注目が集まっていました。

大谷選手は、4回途中から登板し、田中将大選手（駒澤大学附属苫小牧高校）に並ぶ甲子園での高校2年生最速タイ記録（当時）となる151キロを記録しました。怪我を押しての出場だったため、2年生夏の登板はこの試合のみとなり、以降は野手として出場を続けることとなりました。

この夏の大会で大谷選手が投手として残した成績は5回2／3を投げて自責点1という結果でした。

打者としては3打数1安打で打率3割3分3厘を記録、2年生の夏に早々と全国のファンに「花巻東の大谷翔平」という存在を強烈に印象付けました。

そして、翌春の第84回選抜甲子園大会で再び大谷選手は甲子園の地に舞い戻ってきました。この大会の一回戦で同級生のライバル、藤浪晋太郎選手が所属する大阪桐蔭といきなり激突しました。

その試合において、打者としては、藤浪晋太郎投手から本塁打を放ち、非凡な才能を披露しました。しかし、投手としては11四球、9失点と大きく崩れてしまい、残念ながら一回戦で甲子園から姿を消すこととなってしまいました。

この大会では、8回と2／3を投じ自責点5、奪三振は11、打者としては3打数1安打で打率3割3分3厘を記録しました。

この春のセンバツが高校生の大谷選手にとって最後の甲子園となりました。

3年夏の岩手大会の準決勝・一関学院高戦ではアマチュア野球史上初となる最速160キロを記録しました。しかし、決勝の盛岡大学附属高戦では5失点を喫し、高校最後の全国選手権大会出場はなりませんでした。

この結果、甲子園通算成績は投球回数14回、防御率3・77、奪三振数は16。野手としては2試合で打率3割3分3厘、1本塁打。

以上のように、大谷選手は甲子園の通算成績だけで言えば、特筆した数字を残すことができなかったのです。それは、2年生の夏、3年生の春とどちらの甲子園大会も、ケガを押しての投球を余儀なくされていたこともあります。特に3年春の大阪桐蔭戦では打ち込まれてしまった影響もあり、防御率はあまりいい数字を残すことができませんでした。

これに対して、同級生の藤波晋太郎投手（大阪桐蔭）は、甲子園通算で防御率が1点台という驚異的な成績を残しています。

もっとも大谷選手も圧倒的な剛速球をもって、イニング数以上の三振を奪うなど、能力の高さは垣間見せているとも言えるでしょう。

もし、大谷選手が万全な状態で投球をすることができていたら、また違った結果になっていたかもしれません。

ただ、これゆえでしょう。直球のスピードこそ全国屈指でしたが、投手としての能力に疑問を持つ声もありました。高校時代の実績だけで言えば同級生の藤浪晋太郎には及ばないという評価でした。さらには、花巻東に入学するきっかけとなった「菊池雄星（選手）を超える」という目標が、高校を通算した投手成績で達成できたのかどうかは意見が分かれるところでもあります。

しかし、ご存知のように大谷選手はプロ入り後、驚異的なスピードで成長を遂げ、今や日本のエースと呼ばれるまでに成長しました。大谷選手の高校時代は、まだ進化の過程でよくある踊り場であったのかもしれません。

実際にプロ入りしてからは、高校時代の成績ではライバルの藤浪投手を超えた活躍を現在は見せています。

若い選手は一瞬にして才能を覚醒させることが多くあります。高校時代の成績は輝かしいものではないかもしれませんが、どこまでも野球選手として人間は成長できるということを大谷選手は見せてくれています。

高校時代の打者としての成績

もっとも高校当時の大谷選手は、投手としての才能以上に、打者としての評価が非常に高いものがありました。

以下に、各球団スカウトを悩ませた、大谷選手の打者としての能力に迫ってみたいと思います。

打者としての大谷選手の成績ですが、高校通算でホームランを56本、歴代でも25位の成績です。今まで何人の高校球児が誕生したなかで、打者として史上屈指の成績を残していたのです。

前述のように、甲子園は夏と春それぞれ1回、合計2回出場を果たしており、3年生の春の大会では大会屈指の好投手、藤浪晋太郎からもホームランを放っています。

打者としての甲子園通算成績は2試合に出場し、打率は3割3分3厘。ホームランは、この藤波投手からの1本です。投手としての実力もですが、少ない試合数ながらに打率3割をマークするなど、打者としても非凡な能力の一端を披露していると言えます。

3. ドラフト前夜

NPBは拒否、メジャー宣言

「アメリカでプレーさせていただくことを決めました」

　2012年のプロ野球ドラフト会議前には日本プロ野球だけでなくメジャーリーグ球団からも注目され、本人は当初「(アメリカか日本かは)五分五分」と語っていました。

ロサンゼルス・ドジャースやテキサス・レンジャーズ、ボストン・レッドソックスとの面談を経て、10月21日にメジャーリーグへの挑戦を表明。

会見では「マイナーからのスタートになると思うけれども、メジャーリーグに挑戦

したい気持ちでいる。入学当初からの夢だった。若いうちに行きたい思いがあった。日本のプロにも憧れはあったが、メジャーへの憧れの方が強かった」と語っていました。

このように、2012年のドラフトの目玉と言われていた花巻東高の大谷選手は岩手・花巻市の同校内で記者会見を開き、とメジャーへの挑戦を正式に表明しました。プロ野球ドラフト会議では強行指名される可能性も否定できませんでしたが、大谷選手は、よどみない言葉でその信念を貫くことを明らかにしました。

大谷選手メジャー挑戦会見（全文）

――大谷選手におうかがいします。どちらかの決断だと思いますが、いつ、そしてどのような決断を下したのかを教えてください。

大谷　今日まで迷いました。今日の決断で、アメリカでプレーさせてもらうことにしました。

――メジャー挑戦ということ？

大谷　マイナーからのスタートになると思いますけど、その中でメジャーリーグに挑戦したいなという気持ちです。小さい頃からの夢でしたし、厳しいところで自分を磨きたいというか、そういうところでやりたいなと。

――決断する上で、どの部分を重視したのでしょう？

大谷　自分の意見と、両親もそうですけど、周りの方の意見が食い違うところがありました。最終的には自分の考えで決めさせていただきましたけど、やはり迷いもありました。

——ご両親とは、どれくらい話をしたのでしょうか。

大谷　実家に帰って話をしたし、監督さんを交えて4人でも話しました。

——それでは、お父さん（徹さん）にお聞きします。ご本人にこれまで迷いがあったということですが、これまでどういった話し合いがあって、この決断になったのでしょうか。

大谷・父　最後は本人の決断でしたけれど、僕は国内に残ってほしかったんです。国内なら私たち両親も見に行けますし、心配が少ないですから。

——今後に向けての話し合いは進んでいるのでしょうか。

大谷・父　今、どちらに行くのかを決めたばかりですので、具体的なことはこれから決めていきたいです。

――もう一度、大谷選手にうかがいます。日本球界、アメリカのメジャーリーグ、それぞれ良さがあると思います。それらを挙げてもらった上で、どうして一方を選んだのかを聞かせてください。

大谷　いろいろな球団のお話も聞かせてもらいましたし、日本のプロ野球も小さい頃から見てきましたので、（日本とメジャー）どちらへの憧れもありました。でも、最終的にメジャーリーグへの憧れのほうが強かったということです。

――ご自身の中で、気持ちの変化はありましたか。

大谷　自分としてはずっとメジャーでやりたい思いが強かったんですけど、両親の意見もありましたし、自分の思いだけで決められない部分があったので。でも、最終的にはこういう決断をさせていただきました。

――監督さんの方からも、ご両親に「行かせてあげてください」という話があったようですが。

大谷　監督さんからも最初は「日本でやってほしい」というお話があったんですけど、最終的に僕の背中を押してもらいましたし、「自分のやりたいようにやってほしい」という言葉をもらいましたので、こういう決断になりました。

――メジャーへの憧れは中学時代からあったと思いますが、その気持ちが強くなったのはいつですか。

大谷　ずっとやりたいという気持ちはありましたけど、高校に入学してからその気持ちが強くなりました。

――先月にはＩＢＡＦ18Ｕ世界選手権にも出場していますが。

大谷　そうですね、高いレベルで戦うことができましたし、そういう部分も含めて刺激を受けました。

——今週25日にはドラフト会議がありますが、ご本人としてはどんな思いでこの日を迎えるのでしょう？

大谷　今、決めたばかりなので……。でも、どういう形になっても、自分はアメリカに行きたいという気持ちが強いです。

——来年はプロ選手となるわけですけど、アメリカではどんな選手になりたいですか。

大谷　最初はマイナーリーグかもしれないですけど、自分自身で納得できる結果を残したいですし、そのためにしっかりと準備をしないといけないと思います。

——どういう投手を目指しますか。

大谷　僕もプロ野球選手ですとか、メジャーの選手を見て野球をやりたいなと思いましたし、プロへの憧れを持ちましたので、僕もそういった憧れを持たれるような選手になりたいです。

――具体的に憧れた選手はいたのですか？

大谷　左投手ですけど雄星さん（菊池、西武）には憧れていましたし、ダルビッシュさん（有、レンジャーズ）にも憧れていました。憧れる選手はほかにもたくさんいますけど、そういう選手に僕もなりたいと思っています。

――前例がないことを決断したわけですが、今の率直な気持ちは？

大谷　すごく難しい決断で、迷って苦しい時期もあったんですけど、最終的にこういう決断をすることができて良かったです。

――生活面での不安があると思いますが、それはある程度、メジャー球団との面談で解消されましたか？

大谷　それは行ってみないとわからない部分もあります。

――メジャーに行きたいという理由の中で、もっともここがという部分があれば教えてください。

大谷　各国からすごい選手たちが集まってきますので、やはりそういう選手たちにも負けたくないという思いがあります。

――お父さんはずっと日本残留を勧めていたとのことでしたが、どの点がネックとなったのでしょう。

大谷・父　やはり言葉とか、文化の違いですね。前例のないことですし。でも、最後は本人の意思ということで賛成しました。

――大谷選手、今の気持ちはうれしい、ホッとした、どんな心境ですか。

大谷　すごく悩んできたので、ホッとしたという気持ちはありますね。自分もそうですし、誰かが納得しない形で行くのは嫌だったので、最終的に背中を押してもらえたのはすごくありがたいことだと思います。

——日本の球団からの指名を拒否した場合、戻って来たときに3年は契約ができないという規定がありますが、そこも考慮しての決断ですか。

大谷　はい、もちろんそれは覚悟した上で行かなければいけないと思っています。

【花巻東高校・佐々木監督のコメント】

大谷選手がメジャー挑戦を宣言したのを受けて、花巻東高校の佐々木監督もコメントを発表。メジャー挑戦という夢を目指す決意を後押しする考えを示しました。

あらましは次のとおりです。

「正直、夢だけではダメな部分もあるし、本人にはリスクの話もしました。その上で、それでも行きたいということでしたので。その考えを尊重して、背中を押してあげたいなと思いました」

「（菊池）雄星の場合（最終的にメジャー断念）も私の説明の中で、自分の身を守るために日本のほうがいいんじゃないかと言っていたような思いもありまして。でも、私が野球をやるわけではない。本人がやりたいところで野球をやらせてあげたいなというのが今回の判断です。心配な部分は確かにありますが、岩手から世界で活躍するような選手になってもらいたい」

「アメリカでの不安は私自身、いろいろとあり、むしろ本人がケロッとした感じなんです。行って初めてそういったものが出てくると思いますが、それを乗り越えれば人間として成長できるのかなと。（国内球団に対しては）今日、本人が話したとおり、メジャーに行きますということですので、その意向を聞いていただければと思います」

「早い段階でアメリカに行くわけですから、大谷にはこれから、長い選手生命で活躍してもらいたいです。しっかりと体を作って、22、23歳ぐらいにメジャーに上がってくれればいいかなと思っています」

日ハムが強行指名をした経緯

しかし、北海道日本ハムファイターズGMの山田正雄氏が大谷選手をドラフト会議で1位指名することを公表し、事態は風雲急を告げました。

日ハムが、大谷選手をドラフト1位で指名すると決めたきっかけは、高校3年生の秋に参加したIBAF18U世界選手権でのプレーを評価してのことでした。

日本代表は藤浪投手（阪神）と大谷選手のダブルエースという触れ込みでした。しかし、チームを率いた小倉全由監督（日大三）は、藤浪投手に3連投させる一方、大谷選手には4回途中3失点でKOされた1次ラウンドのカナダ戦以降、韓国との最終戦まで一切、登板機会を与えませんでした。その韓国戦にしても、メダルがかかっていたわけではない5位決定戦だったのです。

大谷選手にしてみれば、ヤケになったり、ふてくされたりしても不思議ではない状況でした。しかし、大谷選手は与えられた登板機会には淡々とマウンドに上がり、ひたむきに投げていたそうです。日ハムは、そのときの大谷選手の態度を高く評価したといわれています。

どんな状況でも自分のベストを尽くす。気持ちの強さや粘り強さは、高校時代から折り紙付きの評価をされているのです。

日本ハムの栗山監督も「大谷君には本当に申し訳ないけれど、指名をさせていただきます」と公表しました。同25日のドラフト会議当日には日本ハムが大谷選手を1位で単独指名し交渉権を獲得しました。

「球界を引っ張っていく選手になってほしいですし、そのお手伝いができればと思います」

北海道日本ハム・ファイターズの栗山英樹監督は、メジャー挑戦を公言していた大谷選手をドラフト1位で「強行単独指名」した真意を問われてこう答えています。

このことについては、他球団から栗山監督批判が相次ぎました。指名を受けた大谷選手自身も困惑を隠せませんでした。

「評価をしていただいたことはすごくうれしいし　ありがたい。正直びっくりしたというか　動揺した部分はあったけど　自分の気持ちは変わらない。入団の可能性はゼロです」

日ハムへの入団を断固として拒否する姿勢を明確にしていました。

指名後の会見では「びっくりしたし動揺もしました。でも、自分の気持ちは変わりません。評価していただいたのはありがたいですが、アメリカでやりたいという気持ちは変わりません」ときっぱり。指名挨拶のため日本ハムから訪問を受けた際にも面会しませんでした。

実は大谷選手は、栗山監督については「情熱的な人」と好印象を抱いていました。日ハムに対しても「9月の面談時にいいイメージを持った」と語っていましたが、入団となると話は別でした。

「メジャーに挑戦したい。両親と相談はするけれど　自分の意思は変わらない」と、きっぱり語っていました。

交渉開始

ドラフト後の10月26日に、北海道日本ハムファイターズGMの山田正雄氏が花巻東高校を訪問しましたが、大谷選手は面談を拒否しています。山田GMは、「できれば会いたかった。選手育成の実績を話そうと思っているが そこまでいけるかわからない。時間をかけて諦めずに最後の最後まで頑張ります」と交渉の継続を宣言しています。

会談は わずか18分間。対応した佐々木監督からは 今後は大谷本人と両親との直接交渉を行うように要請され、花巻東高は関与しないことになりました。

11月2日に、日本ハムの山田GMは2度目の指名挨拶を大谷選手の自宅で行いましたが、このとき予定になかった大谷選手本人も同席しました。山田GMは「両親と面会ということで来たのですが 思いがけず本人が出てきて3人で会うことができました。きょう会ってくれたことには喜んでいます。両親からは また機会をつくりますといってもらえた」と手応えを感じた様子でした。

予定外の大谷選手本人の同席に山田GMは「大谷君へ　夢は正夢。誰も歩いたことのない大谷の道を一緒につくろう」と栗山監督が書いたサインボールを手渡しました。同時に両親には球団の育成システムについて書かれたカラーの見開きパンフレットを手渡し、育成の実績をアピールしています。

その甲斐あってか、次回の面会の約束を取り付けることに成功。山田GMによるとメジャーリーグに挑戦したい理由について、大谷選手からは「高校生からは初めてなのでパイオニアとしてやっていきたい。メジャーで長くやりたい」と説明があったそうです。

プレゼン資料で大谷選手の両親の心を開かせる

11月10日には、初の入団交渉を日ハム球団と両親のみで行いました。大谷選手は同席していません。

ここで日ハム側は大渕隆SD（スカウトディレクター）が2日の指名挨拶後から丸1週間かけてつくった全30ページの自作の資料を提示し、条件面など具体的な入団交渉についての話は一切せず高校生からのメジャー挑戦のリスクが高いことをプロジェクターまで使用して説明したそうです。

交渉した日ハムの山田GMは、大谷選手の両親に、若いときからメジャーに挑戦するということ、つまり海外挑戦とは統計的にもなかなか大変だという説明をしました。

この結果について「ご両親も納得してくれたと思います」と山田GMはコメントしました。

大谷選手の父親の徹さんは「球団さんから資料をつくっていただき、日本スポーツ界の若い人が海外に進出するというお話をその資料をもとに伺いました。資料づくりには時間もかかったでしょうし、大変だったと思います。私としてはありがたいなという思いです」と感想を述べています。

そして「資料を持ち帰って、できるだけ詳しく正確に伝えたい。最終的には本人の人生。後悔のないように、本人の意志で決めたい」ともしました。

この資料の表題は「大谷翔平君　夢への道しるべ～日本スポーツにおける若年期海外進出の考察」。

外国の高校生によるメジャー挑戦の成功例が少ないことや他のスポーツも例に出しリスクが高いことを列挙。日ハムとしては、あくまで大谷選手のメジャー挑戦の夢は大事にしそこに至る最善の道が国内で経験を積むことであることを強調しました。

こういった日ハム側の姿勢が「言葉や文化の違いでメンタル的に心配。私たちは国内でプレーしてほしかった」と語っていた父親の徹さんの心にも響いたようです。

二刀流に挑戦プランで本人の心を変える

11月17日の交渉の席には、大谷選手も同席しました。

今回の交渉は、大谷選手の両親が、一度は球団の話を聞いたほうがいいと大谷選手を説得して実現したもので、岩手県奥州市内のホテルで約1時間の交渉が行われました。

日ハム側は、プロジェクターを使用して、球団の育成体制や、投手と野手の「二刀流」で育成したいとのプランを提示。日本球界初となる「エース兼任4番」として育てたいという規格外の方針で、その道のパイオニアになれるようにしたいと説明したのです。

交渉した日ハムの山田GMは「今回、本人が出席してくれたことに感謝したい」と謝意を述べたものの、感触はまだわからないとしました。しかし「二刀流の話をしたときには、メジャーからは不可能だと言われていたそうで、その話は喜んで少しニコッとしていました」と、一定の手応えを感じた様子でした。

交渉後、父親の徹さんは、「前向きな態度は感じられなかった。でも、全く「ノー」という感じでもなかった」「私自身は以前から国内寄りではあったので、日本でプレーしてほしい気はあった」と述べています。

日ハム側の説明に対し、大谷選手は終始無言で質問もなかったそうです。しかし二刀流の話のときは笑顔で反応してくれたとのことで、大谷選手の心を大きく動かすまではできなかったものの、父親の心境は大きく変化したようです。

11月26日には栗山監督が交渉に初参加。日本ハムとの交渉開始後、初めて会見に応じた大谷選手は「素晴らしい話が聞けた。（栗山監督は）けっして説得ではなく、自分の立場を親身になって考えてくれました」と感激して語っています。12月3日、大谷選手に残っていたのはわずかな疑問だけだったそうです。

第3章
大谷選手の会見全文、成績（投手として、打者として）

1. 入団会見（全文）

大谷選手は、地元の岩手県奥州市と北海道札幌市で入団決意後の記者会見に応じています。詳細は次のとおりです。

大谷　日本ハムファイターズに入団させていただくことを伝えさせていただきました。今までお世話になった方、地元の方々に日本でプレーする姿を見ていただいて、少しでも恩返しができればと思っています。子供たちの目指す選手になれるよう、ファイターズに一員として頑張っていきたいと思います。

——あこがれの選手の名前を挙げてください。

大谷　稲葉（篤紀）選手ですとか、日本シリーズでのホームランも印象的だった中田翔選手、そうした方々を含めてすばらしい先輩方が大勢いるという印象です。

――そうした方々にどのようなことを聞いてみたいですか。

大谷　チームの雰囲気ですとか、野球の技術的な面とか、そういったいろいろなことを聞いてみたいと思っています。

――入団の決めてのひとつに「二刀流」というものがありました。改めて、ピッチャーとバッターでそれぞれどういったことでがんばっていきたいですか。そういった思いを教えてください。

大谷　（ピッチャーとバッター）どちらでも頑張っていきたいですし、（プロ野球の）一軍でしっかり安定してどちらでもできるような選手になっていきたいです。

――栗山監督にもうかがいますが、大谷選手をどのように育てていきたいとか、二刀流に関する思いも交えて教えてください。

栗山　何度も言いますが、大谷翔平が2人、入団したんだと思っています。ピッチャーとしてはエースに向かっていってほしいし、バッターとしては4番に向かっていってほしい。とにかく、その2人の選手をチームに貢献してもらえるようにするかが我々（首脳陣の）使命です。プレッシャーもありますが、楽しみです。

――監督から大きな期待をかけられましたが、エースで4番という監督の言葉をどのように聞いていましたか。

大谷　チーム内のレベルも高いのですが、監督に（エースで4番と）言ってもらえるのはうれしいですし、そういった方向で頑張っていきたいと思います。

――当然、めざすところでしょうか。

大谷　当然やるからには、目指して頑張りたいと思います。

――ドラフト指名から今日までの2か月間はどんな時間でしたか。

大谷　応援してくださった岩手の皆さん、北海道の方からも手紙を貰ったりもしました。そういったことも踏まえて（日本ハム入団を）決断しました。

――どうもありがとうございました。

2. 2013年

二刀流で試運転

春季キャンプでは投手と野手の練習メニューを並行してこなし、2月途中から一軍に合流。オープン戦や春季教育リーグでも投手、右翼手、指名打者として大車輪で出場を続けました。オープン戦では3月17日の対中日戦で山内投手から初本塁打を放ち大物感をアピールしました。

3月21日の楽天戦では投手として登板した後、打席に立ち、さらに右翼手の守備に就き、二刀流の試運転をしています。

開幕後は投手登録のまま打者として一軍入りを果たし、3月29日のシーズン開幕戦（西武戦、西武ドーム）では8番・右翼手で先発出場しています。高卒外野手の開幕戦先発出場は2011年の駿太選手（オリックス）以来で、球団では1959年の張本勲以来54年ぶりとなりました。

開幕当初は打者として活躍

開幕戦では2安打1打点を記録し、試合後にはヒーローインタビューを受けるという、幸先良いスタートを切っています。なお、高卒新人が開幕戦で複数安打を記録したのは1960年の矢ノ浦国満（近鉄）以来53年ぶり2人目の快挙でした。

3月30日の西武戦にも出場し、花巻東高校の先輩でもある菊池雄星投手に2三振と抑えられました。その後も下位打線で出場しながら二軍の試合で投手として調整していたのですが、4月13日のオリックス戦で外野守備中に右足首を捻挫し、出場選手登録を抹消されました。

5月4日に復帰し、6日の西武戦ではプロ入り後初めて一番打者として出場。5月23日の東京ヤクルトスワローズ戦で投手として初登板、初先発。5回2失点で勝敗はつきませんでしたが、新人投手の初登板では史上最速となる157キロを記録しました。

5月26日の阪神タイガース戦には5番・右翼手として先発出場し、プロ入り後初めてクリーンアップに入り、藤浪晋太郎から2本の二塁打を打っています。

6月1日の中日戦で先発投手を務め、5回3失点でプロ初勝利を挙げました。

6月18日の広島戦は、セ・リーグ球団の主催試合で指名打者が使えないということもあり、5番・投手で先発出場。先発投手が3～5番を打つのは1963年の梶本隆夫（阪急）以来50年ぶりとなりました。

この試合で投手としては4回3失点で降板したものの、降板後に右翼手の守備に就き、打者としては安打1、打点1を記録しています。

7月10日の楽天戦では永井怜投手からプロ初本塁打を打ちました。高卒新人でプロ初勝利とプロ初本塁打を記録したのは1967年の江夏豊（阪神）以来、46年ぶりです。しかも、「二刀流」としてプロ野球生活をスタートした史上初の選手として貴重な一本・一勝になったようです。

オールスターで初打点を記録

しかし7月11日（楽天戦）の試合前練習中に外野をランニングしていたところ、フリー打撃の打球が右のこめかみ付近に直撃し試合を欠場、「右頬骨不全骨折」と診断されたのですが、その3日後の14日（ロッテ戦）で復帰し、大谷智久投手から自身初の代打本塁打・本拠地初本塁打・2試合連続本塁打となる2号本塁打を打っています。

この年のオールスターゲームには、ファン投票で外野手として初選出され、第1戦では5回から投手として登板、1回2安打無失点、最速157キロを記録する投球を見せました。

降板後は左翼の守備につき、打席では2打数無安打。

第2戦では高卒新人としてはオールスターゲーム史上初となる1番打者で起用され、第1打席でオールスターゲーム初安打となる二塁打を記録しています。

第3戦では、高卒新人としては1986年の清原和博（西武）以来となるオールスターゲームでの打点を記録し、敢闘選手賞とスカイアクティブテクノロジー賞を受賞し、賞金100万円と賞品のマツダ車1台が贈られました。

8月9日のロッテ戦では6回からプロ入り後初の救援登板。8月18日のソフトバンク戦では5番・右翼手で先発出場し、8回からは投手を務め、1回を1安打無失点に抑えました。

8月23日のオリックス戦では投手として先発し、プロ入り後初めて投球にフォークボールを交じえて、プロ入り後自己最多の９奪三振を記録する投球で３勝目を挙げました。投手としては13試合に登板し、３勝無敗、防御率４・23を記録しました。打者としては77試合に出場し、打率２割３分８厘、３本塁打、20打点を記録しました。

ゴジラ松井と並び称せられる

９月10日のオリックス戦では、札幌ドームの右翼席中段にあっという間に消える一発を放っています。先頭で迎えた２回裏。オリックス・金子投手の高め１４５キロの直球を振り抜いたものです。

７月14日のロッテ戦以来、約２カ月、73打席ぶりの先制の３号ソロでした。

「内寄りの真っすぐを意識していたら、たまたま甘いところに来たのでタイミングを合わせることができた」と振り返りました。

チームの連敗を3で止め、CS自力進出の可能性を復活させた一撃。7日の楽天戦の試合前には、母校・水沢南中の生徒と対面しパワーをもらったという大谷選手。投手で3勝し、打者では3本塁打。それでも2打席目以降は2三振を喫するなど快音が響かず「まだまだかなと思う」と気を引き締めています。

9月3日のソフトバンク戦、7回2死での第4打席。江尻投手から放った中前打で今季42安打。ドラフト制以降の高卒新人野手としては松井秀喜（巨人）の41安打を抜いて、歴代4位に躍り出たのです。

「松井さんの数字を意識してはいなかった。凄いバッターですし、僕なんかは全然まだまだですけど、少しでも追い付けるように頑張りたい」

大谷選手にとって、松井氏は「小さい頃からずっと見てきた雲の上の存在」。同じ左打者として花巻東時代はビデオを見て、左足に重心を置く打撃フォームを参考にしたこともあったそうです。「米国での（松井選手の）活躍を見て自分も励みになったし、頑張りたいと思った。自分もそういう選手になれるように頑張りたい」と話していた憧れの存在が持つ記録をまずは一つ乗り越えたのです。

また、ゴジラ越えを評価する声が各所であがりました。

その一人が世界の王貞治氏（ソフトバンク球団会長）を育てた荒川博氏です。

この日の試合前、大谷選手の打撃練習を見るためだけに東京ドームを訪れた荒川氏は、「体が柔らかく使えて、上半身と下半身のバランスが凄くいい。ホームランの打ち方を覚えれば40本は間違いなく打つ」と絶賛し、19歳ルーキーの底知れぬ才能にほれぼれとしていました。二刀流に挑んでいるため、野手としての出場が制限されている中での「ゴジラ越え」が大谷選手の能力の高さの証明と言えるでしょう。

負けない、しかし勝てない

11度目の先発登板となった10月4日のソフトバンク戦でも、大谷選手は4回まで無安打投球をしながら、5回に突如崩れてしまいました。にもかかわらず、また負けがつきませんでした。5回の先頭バッター、松田選手に中前打されるなど1死満塁から山崎選手に押し出し死球。さらに今宮選手には押し出し四球を与えたそうです。6回1死二塁でも柳田選手に左翼席まで運ばれました。走者を背負うと投球がバラつき「クイックとか、もっとやらないといけないことはたくさんある」と課題は明確でした。

自己最長の7回、自身最多の113球。3点のリードを許して、多くの課題を残したまま、7回で降板したのですが、味方打線が8回に一挙4点を奪う逆転劇を見せ、シーズン最後の登板となった試合でも黒星を免れました。投手としてのルーキーイヤーを終えた右腕は「完全に野手のおかげでありがたい。最初の段階より前に進んでいる。きょうの課題を反省して次につなげれば」と負け知らずだった1年間を振り返りました。

二刀流でのプロ1年目を終えた日本ハムの大谷選手は「凄くあっという間でした」と振り返りました。投手として3勝0敗、防御率4・23、野手としては打率2割3分

8厘。この日は「7番・右翼」で先発出場し、4回1死満塁から左邪飛で2点目をもぎ取るも、3打数無安打に終わり「変に打って満足するよりは、悔しいまま終わった方が来年につながる」と悔しさを押し殺していました。

プロ1年目は、開幕戦で先発出場も、右足首の捻挫で約3週間の離脱も経験しました。「思い通りにいかなかったりしたけど、レベルが高い中でやらせてもらって凄くいい経験になった。使ってもらって感謝したい」と2013年を総括。自身の課題については「気持ちの持っていき方が難しい。一試合一試合全力で、シーズンを通して集中力を保つ難しさを感じた」と精神面を挙げていました。

そして「上のレベルに行くために、もっと頑張るだけ」と視線を来季に向けていました。

制球力がないなら1・5刀流も

　２０１３年の日本ハムは２ケタ勝利を挙げた先発がひとりもおらず、投手陣の整備が必至でした。そのためチームは２０１４年、大谷選手を先発として一本立ちさせるべく、打者より投手の割合を少し増やせないかと考えていました。二刀流としては中途半端になるかもしれませんでしたが、大谷選手にとっては得策でした。

「課題の制球力は直ります。ただ、西武の石井（一）選手は制球力を克服するのに10年もかかった。制球力を磨くために必要なのは、何よりも投げ込みの数。二刀流の大谷なら当然、球数が制限される。だからこそ、コーチ陣は春から『キャッチボールの一球一球を大切にしなさい』と本人に口酸っぱく言っていたのですがね……」

　現場サイドからもこんな本音が漏れていたのです。

「二刀流を諦めさせるというわけではないが、日ハムは大谷を先発投手として一本立ちさせたい。そのためには今のように中途半端な起用ではなく、来季から中6日でのローテ入りを考えている。そうなれば、野手としては1週間に1、2度、DHか代打での出場になりかねない。球団も入団時に『二刀流をやらせる』と約束した手前、『来季からは野手を諦めてくれ』とは言い出しにくい。せっかく本人がやる気を出しているのに、水を差すことになりかねませんからね」

2013年の日ハムは、2ケタ勝利を挙げた投手がゼロで、チームトップタイの9勝（6敗）を挙げたウルフ投手も契約が切れるので、去就が未定でした。チームとして早急に投手陣を整備する必要があり、中でも右の本格派がいないとあって、MAX160キロの大谷選手にローテ入りしてほしい、というのが球団の切なる願いでした。

そういったチーム事情もあり、2014年の大谷選手は二刀流から1・2刀流くらいの割合で投手が増えそうでした。

3. 2014年

２年目のシーズンは胃腸炎で幕を開けました。

大谷選手は、岩手県花巻市内の母校・花巻東で年明け初練習。「背番号（11）に合わせて」午前11時11分に動き出し、野球部ＯＢの同級生３人とキャッチボールやウエイトトレーニングを行いました。

実は、最低気温マイナス２度、小雪がちらつく銀世界の中で汗を流した前日までは、体調不良のどん底にいました。

年末に体調を崩し、元日まで自宅で寝込んでいたそうです。

「吐いたりしたのは久々。なかなか良い経験でした」

12月30日の夜に異変を訴え、31日に病院へ行くと「感染性胃腸炎」の診断で点滴を

受けていました。

本人いわく「原因不明」で、39度の発熱。食事も喉を通らず、元日はおせち料理も食べることなく、ゼリー飲料のみで過ごすというアスリートらしからぬ食事で耐えていました。初詣に出かけることもできず、初夢も「うなされて覚えていない」というのですが、体調が回復したこの日は久しぶりの仲間との練習に笑顔が絶えることはありませんでした。

「今季の目標を漢字1字で」と問われると、2年連続で「勝」を選びました。

「昨年は勝たせてもらったシーズン。今年は一つでも多くチームに勝ちをつけたい」

他人の力ではなく、自分の力でチームに勝ちをつける。今季も二刀流は変わらないものの、栗山監督は先発ローテーション入りを明言しており、野手より投手に重点が置かれることになっていました。大谷選手も「何とか2ケタ勝てるように頑張りたい」と具体的な目標も掲げました。

シーズン開幕後は順調な滑り出しでした。

打者としては、3月30日のオリックス戦でプロ入り初の猛打賞を記録するなど、2年目のシーズンは比較的にスムーズに滑り出しました。

投手としては、4月12日の西武戦でプロ入り初の2ケタ奪三振とシーズン初勝利を記録。5月13日の西武戦では、9回を被安打6・奪三振9の内容でプロ入り初完封勝利と、ここまで初尽くしの記録ラッシュが続きました。

しかし、圧巻だったのは球速でした。

6月4日の広島戦ではパ・リーグ史上最速の160キロを計測しました。その後も6月11日の巨人戦、6月18日の阪神戦、6月25日のベイスターズ戦で最速160キロを4試合連続、他球場でも計測したのです。

なかでも高校時代には勝利に縁遠かった甲子園球場では、プロ入り初の公式戦登板を果たし、初勝利を挙げるという快挙に花を添えるかたちになりました。

プロでは公式戦初の甲子園での登板でした。岩手・花巻東では2年夏と3年春に甲子園に出場したものの、いずれも故障を抱えて初戦敗退。3年夏の岩手大会準決勝の一関学院戦（岩手県営）では、高校生史上初の160キロをマークするも決勝で敗れたのです。

「甲子園で160キロ」

初めて聖地のマウンドに万全の状態で上がり、実に3年越しでその夢をかなえました。しかも、3試合連続。ビジターでの計測、1イニング2度は初めてのおまけつきです。

「やっとここまできた」。栗山監督は感慨深そうに口を開きました。

大谷選手が新人だった2013年。成長痛の影響もあって、登板後2日間は全身疲労で野手としての出場は困難。だが、2014年は違っていました。成長痛も癒え、キャンプでは自らを追い込むことが可能になっていました。体幹トレーニングを重点的に行い、ポテンシャルを引き出せる土台が整っていました。

甲子園での160キロ連発に熱狂的な阪神ファンもどよめきました。1点リードの

2回表の先頭打者・ゴメス選手に外角へ大きく外れるボール球でしたが160キロを計測。2死を取ってから、今成選手に2ストライク後のボールで160キロをまたマーク。今度は内角へきっちり制球したこん身の一球でした。今成選手のバットは虚しく空を斬りました。

3回終了後に雨が強まり22分間の中断をしたことすら「気にならなかった」ときっぱり。

6回2死まで一人の走者も許さない快投です。8回2死に右ふくらはぎに異変を感じ一時ベンチへ下がり、大事を取って降板したものの、8回1安打無失点の準完全投球でした。48球投じた直球は、すべて150キロ以上を計測し、自己最多の11三振を奪いました。

この日の快投を指揮官は「高校のときにできなかった投球を確認していた」と分析。力任せでの直球に頼るだけでなく、変化球でカウントを整えることが成長の証でした。

「甲子園は悔しい思い出しかないけど、良いイメージがつくれた」

大谷選手は、高校時代は1勝もできなかった憧れの地で成長した姿を披露したのです。

これで大谷選手はチームトップに並ぶ6勝目。価値ある106球だったのです。

その後も大谷選手は、プロ1年目を上回る好調をしばらく維持していました。

20歳となった7月5日のロッテ戦では、プロ入り初の1試合2本塁打を記録。

7月9日の楽天戦では毎回の16奪三振で1失点の完投で8勝目。1試合16奪三振は、1980年の木田勇と並ぶ球団タイ記録です。毎回奪三振は自身初で、球団では史上10人目です。また1968年の江夏豊の20歳2カ月を更新する16奪三振以上のNPB最年少記録としました。

オールスターゲームには前年の外野手に続き、投手として監督推薦で選出。投手と野手の両方で選出されるのは関根潤三以来のことでした。

投手としては、7月19日の第2戦（甲子園）に先発登板し、1回裏に先頭打者の鳥谷選手（阪神）への2球目でオールスターゲーム史上最速の162キロを計測。この後、阿部選手（巨人）への初球でも計測。公式戦を入れると、2008年の巨人のクルーン以来の史上2人目の日本プロ野球タイ記録の快速球でした。

この試合では1イニングを投げ、打者5人に対し3被安打1失点の内容で、全23球のうち12球で160キロ以上を記録。試合は12対6でパ・リーグが勝利し、大谷選手が勝利投手となりました。この20歳0カ月での先発勝利は、池永正明の19歳1カ月に次ぐオールスターゲーム年少記録となっています。

しかし、投手としての勢いはこれ以降、足踏みもありました。

前半戦終了までに7連勝していたのですが、後半戦最初の登板となった7月26日の楽天戦では8イニングを投げ、被安打5、奪三振10、失点2の内容であったにもかかわらず、勝敗がつきませんでした。調子は良かったのですが、運がややなかったようです。

8月3日のソフトバンク戦では、日本人最速タイ記録の161キロを計測したのですが、7イニングを投げ、被安打9、失点2で敗戦投手となり連勝がストップ。

ところで161キロは、1―2で迎えた7回2死二、三塁、相手の4番・李大浩（イ・デホ）選手に対し、カウント1ストライクからの2球目（ファウル）に計測したものです。NPBの公式戦で日本人が投げた最速球は、2010年に由規投手（ヤクルト）がマークした161キロで、この日の大谷選手はそれに並んだことになります。外国人選手も含めた最速は2008年にクルーン（巨人）が出した162キロです。この記録更新まであと一息に迫ったのです。

この試合で大谷投手は、「どこにそんな力が残っていたのか」と周りが度肝を抜かれる粘りをみせました。

1点ビハインドの7回1死二、三塁。既に投球数は121球を数えていました。厚沢投手コーチがマウンドで気合を入れて、「スイッチを入れてくれ」と口頭で頼みました。これでスイッチが入りました。

「最後（の回）かなと思ったし、ここで点を取られたら終わりだと思った」

大谷選手は口を真一文字に結び、ちぎれんばかりに右腕を振りきり、「警戒する打者」

に挙げていた内川選手を148キロ超と速球並みの速度からストンと落ちるフォークで右邪飛に打ち取ると、4番・李選手への2球目、外角高めへの一球はバックネットへのファウルとなった投球で161キロを記録表示され、札幌ドームの観客がどよめきます。最後は外角へのスライダーで空振り三振に斬ってとりました。

大谷選手自身も、これまで160キロは6月25日ベイスターズ戦の6回を除けば、いずれも試合の序盤でした。それだけに、厚沢コーチは「128球目？　それだけ投げて160キロ以上を制球できるのはあり得ない。〝この一球〟となったときに彼は（スピードが）出るんだよ」と底知れないポテンシャルを認めたのです。

大谷選手は、初回にも160キロを2球マークしていたのですが、公式戦では由規投手に並ぶ日本人最速タイの161キロを、128球目に叩き出したのです。7月19日のオールスター第2戦では球宴記録となる162キロをマーク。しかし、その試合は最初から1イニングの予定で、体力を温存する必要はありません。公式戦の日本最速記録を持つクルーン（巨人）も原則1イニングの抑え投手でした。

日本人最速記録となり、吹っ切れたのでしょう。

8月26日のソフトバンク戦で自身初の10勝目を挙げました。同一シーズンで10勝と6本塁打を記録したのはパ・リーグ史上初の快挙でした。

続く8月29日のロッテ戦で初回に自身初の2日連続となる8号本塁打を記録し、2桁勝利を挙げた投手としては1950年の藤本英雄選手（26勝）の7本塁打のNPB記録を更新しました。

その後も打撃の勢いは止まりませんでした。

9月7日のオリックス戦で10号本塁打を記録し、NPB史上初となる同一シーズンで2ケタ勝利と2ケタ本塁打を達成。

そして10月5日の楽天戦では初回に銀次選手への投球が球速162キロを計測し、自己最速とNPBシーズン公式戦記録（2008年6月1日にクルーンが記録）に並び、由規投手の日本人NPB最速と自らのパ・リーグ記録を更新しています。

9月13日には、札幌ドームでオリックスと対戦。1―0と今季2度目の完封勝利で、

11勝目をマークしました。メジャーリーグで1918年にベーブ・ルース（レッドソックス）がマークした「13勝&11本塁打」にも、また一歩近づいたのです。味方の援護は1点でしたが、要所でギアを入れてオリックス打線に付け入るスキを与えませんでした。最速158キロを記録する一方で、カーブはほとんど使わず、クライマックス・シリーズ（CS）で対戦する可能性がある相手に、手の内を隠した投球で見事ねじ伏せました。

大谷選手はクレバーであるため、ここが勝負どころだとわかっています。0—0の7回。「もう一段階、力を入れて流れを持っていきたかった」と、スイッチを入れました。4番・ペーニャ選手は152キロの直球、T—岡田選手は139キロフォークで空振り三振。最後も坂口選手を154キロの直球で三者連続空振り三振に空前のピッチングでオリックスの戦意を失わせました。

すると思惑どおり、直後の攻撃で大引選手の決勝打が生まれ、1—0となりました。8回無死一、三塁のピンチでは、中田選手の好守にも助けられ、スコアボードに9

個のゼロを並べ、札幌ドームで初完封を飾りました。

大谷選手は、「１―０で勝てたのはうれしい」と背番号と同じ11勝目を挙げたことを素直に喜んでいました。

この試合の最大の成果は、CSのファーストステージで対戦する可能性が高い２位・オリックスと手の内をさらさずに結果を出せたことでした。

オリックスとは、このシーズン２度目の対戦でした。登板間隔は今季最長の中９日だったため「久々にあまり良くなかった」と振り返りました。そんな中でも「CSでやるかもしれない。全部の球種を使わないように（捕手の）大野さんがうまく配球してくれた」と、感謝の気持ちも忘れていませんでした。この日投じたカーブはわずか２球。その２球は勝負どころと踏んだ７回にいずれも使ったものです。

大谷選手は、普段は１試合で10球以上投じるなど、カーブはカウントを整える際に活用する軸球の一つ。１１０キロ台のカーブを「封印」したことで、次にCSで対戦するときの投球の幅が広がりました。相手の目が慣れていないカーブを効果的に使うことで、150キロ台後半の直球との緩急がより生きる。恐るべき20歳です。栗山監督も「1―0は俺が求めているところ。よく頑張った」と思わず表情を緩ませていました。

この日、スタンドには、ダイヤモンドバックスとフィリーズのスカウトの姿もありました。残り18試合で、順調にいけばレギュラーシーズンの登板機会はあと2試合でした。メジャーからも注目を集める男は、あと2つ白星を積み重ねれば、1918年に大リーグで同一シーズン「13勝&11本塁打」を達成したベーブ・ルースの記録に勝ち星で並ぶのです。

このことが話題に上ると、ルースについては「映画で見たことあります」というほどの知識で、ほぼ人ごと。お立ち台でその話題を振られ、それよりも聞いてほしいことがあるとばかりに、照れながらもこう力強く言い放ったのです。

「何とか1本でも（本塁打を）多く打ちたいですし、きょうのような投球も続けていきたい」

無欲の20歳の進化はとどまることがありませんでした。

10月11日のCS第1戦で、大谷選手は敵地、京セラドームで先発のマウンドに上り勝利投手になりました。この時点で20歳3カ月というのは、プレーオフ、CSを通算すると1982年の工藤公康（西武＝19歳5カ月）、2006年のダルビッシュ有投手（日本ハム＝20歳1カ月）に次ぐ3番目の年少勝利。

オリックスを下して勝ち進んだCSファイナルステージ。2勝3敗とあとがない状態で大谷選手は、ソフトバンクとの対戦に臨みました。チームの命運は20歳の右腕に託されたのです。もう1敗もできない崖っ縁に立たされた日本ハムでした。

栗山監督は前日に「このイメージ（2勝3敗）だった。勝負を懸けて明日は（大谷）翔平でいく。こういう状況でどんな投球をするのか本当に楽しみ。信じている」と胸を躍らせるかのように言っていました。

栗山監督は当初、ファイナルステージで大谷選手を野手に専念させると明言していました。しかし実は、第3戦までに2勝していたら、第5戦で大谷投手を先発させる腹案があったのです。

日本シリーズ進出に王手をかけてのマウンドか、絶体絶命の場面でのマウンドか。大谷選手は、ファイナルステージの第1戦から第3戦に指名打者として先発出場していました。第4戦は試合出場がなかったものの、体力的には楽な状態でマウンドに上れるわけではありません。でも栗山監督は、強い精神力が求められる一戦で大谷選手に懸けたのです。

しかし結果的に7回に日本ハムが同点に追いつき、黒星は免れたものの、2回に4失点と物足りない結果に終わりました。

握力がなかったのか、腕が思うように振れなかったのか。上半身と下半身がバラバラで、スピードガンでは150キロ以上出ていても威力が感じられませんでした。4点の先制を許した2回。カーブを打たれた松田選手を除いて李選手、吉村選手、非力な今宮選手にまで右打者にいずれも真っすぐを左方向へ痛打されています。

3回からは真っすぐを見せ球にして変化球主体の投球。使える球でしのいで追加点を許さず、試合の流れを変えたのは評価できますが、やはりエース級の投手が序盤に1イニング4失点とは短期決戦では許されないことでした。

大谷選手は「二刀流」と言っていました。しかし2014シーズンは、栗山監督の方針で「投手優先」を強いられたきらいもあります。その結果、先発した翌日や登板日前日は休養日とされ、打者での出場は限定的で、規定打席にも到達できていませんでした。投手として2ケタ勝利の11勝（4敗）を挙げたものの、これでは「本格二刀流」を目標にする本人としては納得がいきません。

CSファイナルステージ第5戦当日、大谷選手は、二刀流による疲労をこう言いました。

「去年に比べれば今年は全然疲れがなかった。シーズン中もダルさとか疲労を感じる試合はなかった。登板した次の試合も自分の（打撃）スイングができました」

そして、「（打者としての規定打席到達も）使ってもらってこそできる数字。来季はある程度計算できる中で使ってもらえるようになりたい」と起用法の希望まで口にしたのでした。

そして4―1で日本ハムが敗れたCS最終戦。ベンチ入りを外れた大谷選手の2年目のシーズンは、ダッグアウト裏で終了しました。

そして「(試合に)使ってもらえるということは信頼されているということ。少しでもそれが増えれば……」と話していました。

ファン自身が元気づけられた魂あふれるベストプレーに贈られる「2014年度ジョージア魂賞」の年間大賞を、大谷選手が受賞。記念盾と副賞として賞金100万円が贈られました。大谷選手は、その場で「二刀流」3年目の来季の目標として、野手として規定打席到達、投手としては初の開幕投手と15勝を掲げました。

「ファンに選んでもらったのがうれしい。(投手と野手)どっちも楽しかったし、成長できた1年でした。来年も今季のような活躍がしたい」

投手としてチームトップの11勝、打者としては10本塁打を放ち、プロ野球史上初の同一シーズン「2桁勝利&2桁本塁打」を達成。しかし、20歳の若武者はさらなる高みを目指す構えでした。

「規定打席に到達するということは、それだけ（ベンチの）信頼があるということ。期待だけじゃなくて、計算される中で使ってもらいたい」

ホップ、ステップと来て、ジャンプの３年目へ、まず打者として来季の規定打席到達を目標に掲げていました。

というのも、２０１４シーズンはクライマックスシリーズを除き、登板前２日間と登板翌日は投手調整に専念せざるを得ないというチーム事情もあり、そのため１週間に野手で先発出場できたのは基本的に３日間のみで、計２３４打席。

１４３試合となる２０１５シーズンの規定打席は４４３打席。１試合４打席と仮定すれば、野手として１１１試合の先発出場が必要になります。

さらに今季並みに24試合以上に投手として登板すれば、「完全休養」を取れる試合は10試合にも満たない計算になります。しかし、二刀流調整がある程度、ルーティン化されたことで「疲労を感じることが今年は少なかった」とやる気満々で、翌シーズンを見据えていました。

２０１４シーズンでは、投手として勝ち星にとどまらず、防御率2・61、１７９奪三振はいずれもリーグ3位と結果を残しました。プロ野球最速記録に並ぶ１６２キロを連発するなど、異次元の投球でファンも魅了しました。

２０１５年は自身初の開幕投手も視界に捉え、「チームに15勝投手が一人でもいないと優勝できない。当然、今年より目標は上になる」と、エースの自覚が芽生えていました。

4．２０１５年

２０１５年の目標として、野手としては規定打席到達、投手としては初の開幕投手と15勝と三大目標をぶち上げた大谷選手。

まずは3月27日の楽天戦で自身初の開幕投手を務めて目標のひとつをクリアしました。５回２／３を被安打３、失点１、６奪三振に抑え勝利投手になりました。

その初回は無失点スタートしたものの、２回に制球を乱し２つの四球と犠打野選で１死満塁のピンチを招くと、藤田選手に右犠飛を許し、楽天に先取点を奪われました。

しかし、その後は安定した投球を見せ、チームは5回に楽天の先発・則本投手から３得点を奪い逆転に成功。

大谷選手は、６回にはこの日２度目の１５９キロを計測したのですが、松井（稼）

選手へ左前打を許したところで足を気にする素振りを見せ、いったんベンチ裏に引き上げました。再びマウンドに戻り投球練習を行ったのですが、栗山監督は無理をさせず、球審に2番手・谷元投手をコール。勝ち投手の権利を得たままで降板となりました。

大谷選手は、緊急降板という結末に当然納得はしていませんでしたが、勝ったことは素直に喜びました。

「開幕戦は緊張感があって、いつも以上に汗をかいていた。多くのファンの中で投げられ何とか勝つことができてよかった」

4月4日のオリックス戦で先発した大谷選手は、7回を6安打2失点、11奪三振の力投を見せ、開幕戦に続いて2勝目。チームともども、連勝軌道に乗ったかたちでした。

「状態はよくも悪くもなかったです。最初はバタバタして……。何とか先に点をやらないようにしたかった。あれがなければ8、9回もいけた」

と、チームの4連勝、首位浮上に貢献したにもかかわらず、試合後の大谷選手は少し自身の内容に不満があったようでした。

1回、先頭のヘルマン選手から3番・糸井選手の3球目まで11球連続、オール150キロ超えの真っすぐ。糸井選手を歩かせた球がこの日最速の159キロ。真っすぐの軌道修正にこだわるあまり、ムキになってピンチを広げていました。T—岡田選手の中前適時打、坂口選手の中犠飛はいずれも真っすぐです。

2回からは本来バランスを崩した際に使うカーブを織り交ぜて立ち直りました。

「粘っていれば、いまは調子のいい打線が何とかしてくれる」

最速146キロのフォークボールもさえて、11個の三振を奪っています。

開幕投手の2連勝は、チームでは2012年の斎藤投手以来、3年ぶり。

次回登板は中6日でのソフトバンク戦が有力でしたが、その前に7日からの西武2連戦で「打者・大谷」の出番が待っていました。

「チーム状態がいいので、これを続けられるように。打席の中でもがんばりたい」

その後は、5月14日の西武戦では、チームでは1979年の高橋直樹投手以来となる完投勝利での開幕6連勝を飾りました。シーズン15勝に向けて視界は良好でした。

半面、打撃面では低空飛行が続きました。

4月1日のロッテ戦では先発の藤岡貴裕投手から野手では2試合目、6打席目でのプロ入り最速となる第1号本塁打を放ちました。

「全体的に変化球でストライクを取るのが苦しそうだったので、直球で来るだろうと思った」

投手であるがゆえに誰よりも投手心理は手に取るようにわかります。待っていた通りの直球をミートしました。

「風もフォロー。バットの芯だったし、ライナー性でも入ると思った」

完璧な打球はバックスクリーンへ飛び込みました。今季1号は決勝ソロです。

しかしこれ以降は、打撃が不振を極めました。

西武戦で今季初めて「3番・DH」で起用されたのに4打数無安打。4点リードの6回2死満塁では、岡本洋投手のフォークに一ゴロに倒れました。

「僕が満塁の場面で打っていれば、もう少し楽に勝てた」

唇をかみしめていました。

4月21日の西武戦でも、「3番・DH」で出場しましたが、4打数無安打。先発の十亀投手に対しては3打席3三振で、前回7日の西武戦から5打席連続三振を喫したことになりました。

「（十亀投手は）強い球がコースに来ていた。自分の間合いで打席に入れていない。自分の打てる球を選んで打つことができていない」

これで打率は再び1割台に戻ってしまいました。

この時点で、先発としては開幕から負けなしの4勝でしたが、野手としてはエンジンがなかなかかかりません。

「連敗しないように、切り替えていく」

大谷選手は、決意を新たにしていました。

しかし、湿り気味のバットとは対照的に投手成績は順調でした。

4月26日のオリックス戦では開幕からの5連勝でチームの首位キープに貢献しまし

た。

初回に2死一塁の場面から中田選手が適時二塁打を放って先制すると、3回には再び中田選手の中前適時打と岡選手の押し出し死球で序盤に3点のリードを奪います。

大谷選手としては立ち上がりから安定した投球を続けていましたが、5回途中に右足ふくらはぎをつるアクシデントに見舞われました。結局、大谷選手はこの回を投げ切ったところで降板。5回2安打無失点でしたが、不本意なかたちでの開幕5連勝となりました。

開幕から無傷の5戦5勝はチームでは1989年の西崎投手以来26年ぶり3人目という快挙でした。

5月14日の西武戦では、完封を目指した9回に1点を失い、連続無失点が35イニングで止まって降板したものの、11奪三振の好投でハーラー単独トップの6勝目を挙げました。

日本ハムとしては、開幕投手の開幕6戦6勝は、79年高橋直樹投手に並ぶ球団タイ記録となっています。エースがチームの連敗を4で止め、2位に浮上させました。

ただし、この試合はほろ苦さも残った試合でした。今季2度目の完封勝利まであと2人。8回にハーミッダ選手の2点適時三塁打で均衡を破った直後の、9回1死一塁で、フォークを浅村選手に叩かれ、ダイビングキャッチを試みた右翼手・浅間選手が打球を後逸。適時三塁打となりました。

今季2試合目の登板だった4月4日のオリックス戦から続いた無失点記録が35イニングで止まった瞬間でした。

「素直にうれしいけど、きょうが一番、悔しい。浅間とハーミッダと増井さんに感謝したい」

そんななかでプロ野球の祭典、オールスターゲームのファン投票が始まりました。

ここでの悩みの種は、大谷選手は投手として出場するのか、野手として出番を得るのかの、ということでした。

このファン投票のピーアールを兼ねたイベントで、パ・リーグ監督を務める工藤公康・福岡ソフトバンクホークス監督が、投手としての大谷選手の活躍と、打者としての大谷選手の人気を踏まえて次のように語りました。

「投げないときは守って打ってもらう」

二刀流での起用法を明言したわけです。隣にいた原監督も「2試合投げてもらう手もあるよ」と、大谷選手のフル回転を支持していました。

2015年の球宴は全2試合の開催。投手の大谷選手が先になるか、打者の大谷選手から披露されるのかは日本ハムのローテーションを見てからの判断ですが、球宴で他の選手の2倍の出場をしてから後半戦に臨むことになるのは、日本ハムとしては懸念材料になります。

シーズンの序盤、大谷選手は先発登板して何試合か続けて足をつることがありました。投手と打者は使う筋肉が違う。二刀流の是非とは別に、大谷選手が疲れているのは間違いありません。

しかし、プロ野球選手である以上、ファンを楽しませなければなりません。

大谷選手が確実に2試合とも出るとなれば、テレビ局側も前向きに捉えるはず。原、工藤両監督のコメントはそういった側面も念頭に入れてのリップサービスですが、コーチとしてベンチ入りする保護者役の栗山監督も、大谷人気を考えると強く反対することはできそうにもありません。

投票結果では、オールスターには2位の牧田和久投手に28万票以上の大差をつけ、投手部門で選出。投手と野手でファン投票選出されたのは１９５３年の投手部門、１９６３年の外野手部門で選出された関根潤三（近鉄）以来2人目となりました。

7月2日のオリックス戦で、大谷選手の右手中指は赤く染まっていました。4－1で迎えた7回。1死からT－岡田選手に今季12試合目の登板で初被弾となる右越えソロを浴び、続くブランコ選手を空振り三振に仕留めた後、ベンチに向かって右手を上げたときのことです。一度、ベンチに下がって治療を受けましたが、そのまま降板することに。

「6回くらいから（マメが）できていた。（血が）たまっている感じ。もうだいぶ大きくなっていたので、つぶれる前に（降板）と思った」

この時点では2点リード。しかし、8回2死三塁から3番手・宮西投手が安達選手に同点2ランを浴び、両リーグ最速での10勝到達はスルリと逃げてしまいました。

7月10日の西武戦では、西武のエース岸投手との投げ合いを制して勝ち投手に。偽らざる思いとして、お立ち台でこう言いました。

「3回くらい心が折れそうになった」

7回1死まで完全試合ペースだった相手エース岸投手との投手戦でした。「実力的には僕の負け」と振り返りました。

ただこの日の白星は、自らの守備で流れを呼び込んだようなものでした。0—0の8回無死一塁。秋山選手の投前へのバントを二塁で封殺。好フィールディングに「最初は送らせようと決めていたけど、予想以上に打球が強かった。野手をやっていて良かった」と珍しく自画自賛しています。

直後の８回に、味方が同じ犠打で好機を広げ、岡選手のスクイズで勝ち越しの１点を奪い、これが決勝点になりました。

終わってみると、８回３安打無失点で両リーグ10勝一番乗り。10三振を奪い、奪三振数でリーグトップに返り咲き、勝ち星、勝率、防御率と合わせて再び投手４冠に返り咲きでした。


７月17日のオールスターゲームの初戦。会場となった東京ドームがどよめきました。初回２死、大谷選手が投じた３番・山田選手への２球目はなんと超スローカーブだったからです。頭上を通過した１球は、あまりにも遅すぎて東京ドームのスピードガンに球速は表示されませんでした。テレビ中継の表示は89キロ。最後は１５３キロの直球で遊ゴロに仕留めていました。

「僕が（スローカーブを）狙ったというか（捕手の）嶋さんが狙って（サインを）出していたので」

2回は、1死三塁からロペス選手に先制の中前打を打たれたその後の2死一塁の場面で、再び緩急で封じ込めました。

川端選手に対して「1球だけ狙いにいった」という直球は、この日最速の159キロを計測しファウル。続く4球目に再び94キロの超スローカーブ。これは芯近くで捉えられましたが、タイミングをずらされた打球は三直となりました。

大谷選手は実は、スローカーブはブルペンでも練習していません。つまりぶっつけ本番で投げたわけです。

「シーズンでは投げませんよ」

球宴限定のスローボールの披露でした。

ところでオールスターの舞台になった東京ドームで大谷選手は公式戦では一度も投げた経験がありません。ですが、小学2年だった2002年3月。横浜の祖父母に連れられてやって来たのは、東京ドームでの巨人—阪神の開幕戦でした。これが大谷選手のプロ野球初観戦でした。

そして両リーグ単独トップの10勝をマークして臨んだプロ3年目の球宴は、最大70キロの緩急差でプロ野球ファンを沸かせました。

球宴後の8月8日、札幌ドームでの楽天戦。

同点で迎えた延長10回無死満塁のチャンスに代打で登場し、ライト前にクリーンヒット。3年目で初のサヨナラ打を放ち、チームに連勝をもたらしました。

この前日は8回に自身2年ぶりの代打本塁打を放っています。今シーズンは、これまでに両リーグ最多の11勝を挙げている投手での貢献がクローズアップされていましたが、ここに来てバッティングも上向いてきていました。

札幌ドームに「代打・大谷」がコールされたとき、「自分で決める」と信じ、打席で集中力を研ぎ澄ましたそうです。

人生初のサヨナラ打を打ち、一塁ベースを回るとヘルメットを放り投げ、歓喜のウォーターシャワーで喜びを爆発させました。

「みんなが必死につないでくれたチャンス。結果的にヒットになって、凄くうれしかった」

この時点で、野手でベンチに残っているのは二刀流の大谷選手のみ。栗山監督は「無死満塁のときのみ翔平でいくと決めていた」

大谷選手も意気に感じたようです。

「くさいところは打たないといけないので、全コース振るつもりだった」

8月18日のロッテ戦では。9回12奪三振の完封で前年の11勝を上回る自己最多の12勝目を挙げました。

最終的には10月6日のパ・リーグ全日程終了時点でハーラートップの15勝、防御率2・24、勝率7割5分で最多勝利、最優秀防御率、最高勝率の投手三冠に輝きました。高卒3年目での15勝到達は、球団では2007年のダルビッシュ有投手以来の快挙でした。

一方、野手としては年間通して低迷から抜け出せずにシーズン途中から指名打者を近藤健介選手に奪われてしまいました。

最終的な打率も２割２厘と、不本意な結果となりました。

10月12日のＣＳファーストステージ第３戦目で日本ハムはロッテに敗れ、敗退をしてしまいますが、この試合、10安打を打ちながら10残塁という拙攻がたたったのが最大の敗因でした。

この３試合を通して見れば、大谷選手の不甲斐なさも敗因のひとつでした。

先発した10日の初戦はロッテ打線にのみ込まれ、３回持たずに５失点でＫＯ。

「自分のボールに自信が持てない」と肩を落としていました。

最終戦の12日は打者として８回１死一、三塁のチャンスに代打で登場するも、空振り三振。ワンバウンドの落ちるボールを２回振るというお粗末なスイングでファンを失望させてしまいました。

２０１５年は打者として１０９打数で打率２割２分、５本塁打、17打点、43三振。

バットに多くを期待できないのは最初からわかっていました。

問題はハーラートップタイの15勝（5敗）を挙げ、防御率2・24も同1位の「投手大谷」があっけなく炎上したことでした。

CS初戦はレギュラーシーズン最終登板の9月27日から数えて中12日。未経験の調整で感覚が狂ったのかもしれません。ですが、3戦目で先発したロッテの涌井投手は、延長10回137球を投げた6日から中5日で登板し、この日も143球の熱投。7回途中まで1失点と粘り強く投げ、チームに勝ちを呼び込んでいます。

球界にはまだ「二刀流反対論者」が少なくありません。2014年シーズンは投打両方で結果を出したからこそ彼らを黙らせることができたのですが、2015年シーズンは大事な場面でエースとしての物足りなさを露呈し、バットも空を切ることもありました。

「ポストシーズンに入って、改めて課題が出た。次につなげられるかは自分次第」

CSの試合後に唇を噛みしめたその気持ちを忘れられないかもしれません。

第４章
同僚、プロの中での評価・コメント

1. 二刀流への賛否

投手と打者の二刀流に関しては、プロの選手や専門家の間でも意見が分かれています。二刀流を容認する意見がある一方、将来的にいずれかの道へ専念していくべきとの見解も聞かれます。

野村克也氏は二刀流を続けることを勧めています。

「あれだけのバッティングとピッチングができるなら、大賛成。今まで誰もやったことがないことをやるというのも、魅力である。『10年に1人の逸材』と呼ばれる者はよくいるが、プロ野球80年の歴史で、あんな選手は初めてだろう」

落合博満氏も二刀流を勧めています。

「せっかく自分がやりたいと言っているのに、その芽を摘む必要がどこにあるのか。

やらせてみて、結果責任は自分で取ればいい」

当人の自主性を尊重し、二刀流を続けさせろと言い切りました。

松井秀喜氏や田中将大選手は本人の意思を尊重した選択を勧めており、「可能なら両方続けたらいいいし、いずれどちらかに決めるならそれもいいと思う」、「なかなかできることではない。納得するまでやればいい」とそれぞれ語っています。

このほかにも、将来は投手と打者のどちらかに専念していくという見解を持ちつつも、200勝、2000安打のどちらかなんて言わず、両方達成して名球会に来ればいい。二刀流を続けるというなら、それぐらいの意気込みでやってほしいなどとする評論家も見られます。

とはいうものの、現実を見据ると、早期に投手あるいは打者に専念するべきという評論家が多いことには間違いありません。

たとえば、投手出身の評論家の間では、現時点では投手に専念するのが一番という意見が目立ちます。これは、165キロを投げられる素質と、プロ入り後はもっぱらエース級として先発ローテーションを守っていた実績を評価するものが多いからです。

たとえば「打者としては伸びない」「ピッチャーとして専念して偉大な投手として育成するべき」などという声が多くなっています。

とくにルーキーイヤーには、「本気で二刀流でできると日ハムは思っているのか」「大谷を潰す気か！　投手は一度でき上がると長持ちするがバッターは難しい」「二刀流自体は簡単だが、どちらも一流になるのは難しい。野手なんて投手崩れで十分、高校生で160出す投手がどこにいるのか」「二刀流だと中途半端になる。投手に専念したほうがいい」など、一流の投手になれる素質を伸ばすべきという主張が支配的でした。

2. 一流投手なら打者にもなれる

一方、打者出身の評論家の多くは、野手一本でプロ野球人生を送るべきとする方が多くいます。

この意見の根底にあるのは、「ずっと二刀流で現役を続けるのは不可能」という考え以外に、一流の投手たる才能は野手での成功も約束するという考えに基づきます。

ある評論家は、「投手として160出せる身体能力は、野手でも絶対に生きるはず、オレはやっぱり野手で大成させてほしいと思うな」と断言。

また、「松井と落合を足したようなとんでもない打者になると思う。投手としては10年に1人だが野手としては20年に1人」という打者出身の評論家もいます。

現役時代に打者で有名になった評論家は打者専念説を、投手出身の評論家は投手専念説を、それぞれ主張するのは、それぞれの思い入れの違いがあるためでしょう。

ともあれ、そうした違いを差し置いて、打者か投手かは別として、やはり〝どちらかで一本化〟という意見が支配的です。

そのなかで、日本ハムの先輩であるダルビッシュ有投手は投手を勧めています。「ナンバーワンになれる可能性があるとしたら投手なので。ナンバーワンになれる可能性を取ったほうがいい。（二刀流は）プロ野球の人気を考えれば見ていて面白いし興味があることになると思うけど、本人がメジャーに行きたいと思ったときは絶対に足を引っ張ることになる」と語っています。

巨人軍の名誉監督である元祖スーパースター、長嶋茂雄氏は「バッターもいいけどやっぱりオレはピッチャーだな。とにかく彼はこれまでの日本人が持っていないものを持っている。何より体がいい。（身長も）193センチあるわけでしょう。それでいてあの身のこなしができる。あの動きを見ると、やっぱりメジャーのピッチャーだなと思うよ」と、投手として大成を目指してほしいとしました。

イチロー選手は打者を勧めています。

「バッターをやればいいのにと思いました。実際にグラウンドで対戦したわけでもない距離感の中での話ですけど、彼ほどのバッターはなかなかいないと思います。（二刀流は）ピッチャーをやって、その翌日に外野を守れるなら両方やってもいいと思います」

3. メジャーでは二刀流断念も

大谷選手の夢は、メジャーリーグです。そこで一流を目指すのであれば、二刀流を放棄せざるを得ないかもしれません。

メジャーリーグで二刀流を続ける可能性については、実際にメジャーで二刀流を経験したブルックス・キーシュニックは「こっちに来たら、両方やらせてくれることはない。両方をやっていたら、いろんなことが起きるからだ。たとえば、自打球を足首や足のつま先に当てて骨折でもしたらどうする。とくに年間に５００〜２０００万ドルも稼ぐ奴ならまず無理だ」と語りました。

大学時代に二刀流選手として活躍したジョン・オルルドは「おそらくプロのチームは、大谷が１００マイルを投げられるなら彼を守りたがるだろう。そして、投手としてやらせたいと考えるはずだ」と語りました。

こうしたことを主張しているのは、試合中に故障するリスクは、守備をしているときに高まるとの思いがあるからです。

「だって、守っていれば無理な体勢から投げなければならないときもある。そんなときに腕でも痛めたらどうするんだい」

日本ハムのOB、高橋直樹氏も同意見です。

「大金を出して獲得する選手に、メジャーはそんなリスキーなことはさせない。各チームとも、DHは最も年俸の高いスラッガーが打つだろうし、守る場所もない。せっかく投手として可能性があるのだから、本気でメジャーを目指すなら打者は早々に諦めるべきです」とコメントしました。

今の大谷選手なら、おそらくメジャーでも二刀流でプレーできる予感があります。それでもやはり、メジャーリーグ挑戦がかなったときは、打者か投手のどちらかに専念しなければならないのが現実のようです。

あとがき

練習後、チームメイトに夕食に誘われても、「お酒、飲むんですか?」と聞き返して、もし「飲むよ」と言われたら、断って合宿所の自室にさっさと帰って閉じこもってしまう。

大谷選手は球団関係者に「ストイック」と言わせる私生活を送っています。

入団4年目の2016年は、投手と打者の「二刀流」がグンと進化し、打率3割以上、本塁打22本を放ち、投手としては165キロをマークしています。米メジャーリーグからも熱い視線を送られる「異次元の才能」への注目度が俄然高まった1年になりました。

夜遊びもせず、トレーニングに励み、着実に成長してきた大谷選手が目指すものとは、やはり一刻も早く世界最高峰のメジャーでプレーすることです。

メジャー関係者の評価では、年俸は、ヤンキース・田中将大投手の「7年で161億円」が最低ラインで、それ以上と言われています。

気になる米球界入りのタイミングはいつになるのでしょうか。

日本シリーズで自身が大活躍してチームが日本一になり、侍ジャパンの一員として2017年3月のWBCでも優勝したら、すぐにでもポスティングで米国行き決定、ということになるかもしれません。

日本プロ野球界の至宝が海外に流出するのは寂しいですが、ファンとしては、彼が世界で躍動するシーンを早く見てみたい。そんな悩ましい日々がしばらく続くことは間違いないでしょう。

大谷翔平　会見全文

2016年12月10日　初版第1刷発行

編　　著／アスリート研究会
発 行 者／赤井　仁
発 行 所／ゴマブックス株式会社
　　　　　〒107－0062
　　　　　東京都港区南青山6丁目6番22号
印刷・製本／株式会社シナノパブリッシングプレス
カバーデザイン／またねデザイン株式会社

ISBN978-4-7771-1869-4